上海教师教育丛书
知会书系

初中英语课堂教学微技能提升

许伶萍 主编

上海教育出版社
SHANGHAI EDUCATIONAL
PUBLISHING HOUSE

上海教师教育丛书编委会

总 序

教育改革的步伐已经进入了关注教师发展的新阶段。不是因为课程改革已陷于制度性疲倦，不是因为评价改革终将受制于社会发展的瓶颈，也不是因为我们拥有超过千万的中小幼教师队伍，每年有数十万的青年人正在进入这个领域。课程也好，评价也罢，根本上它们都内在于教师。拥抱“教师的年代”，不在于讨论有多少以教职为生计的人，而在于如何拥有师者的内在品质，值得学生效法，使自己从一名教者成长为一名真正的师者。

关注教师是国际教育改革的普遍趋势

制度化教育确立以来，课程长期占据着学校教育的中心地位。直到20世纪60年代，国际教育界才开始把视线转向教师。这是由于课程、教学、评价、管理这些学校层面的所有改革，最终都离不开教师。尽管半个世纪以来，教师职业到底算不算专业还存有不同的看法，但关于教师的专业化问题持续受到广泛关注。

中国向来具有别于西方的教育传统。中国古代教育有重教师、轻课程的传统，唯这种传统并未演化成现代意义上的教与学的机制，更未形成制度化的学校，因此循着传道授业解惑的路径发展教师素养的希冀，愿望虽好，但缺少登梯之阶，难以形成规范。近年来，随着教育国际交流的增进，尤其是上海学生在PISA项目中的表现，引来国际社会对中国教师组织化程度经验的关注，其中教研组和集体备课被认为是两大亮点。因为在西方，教师的教学行为被认为是从属于个人的专业行为，即便是同行也不得任意干预，可以想见，其结果便影响到授业与指导经验的传播。问题是，中国学校教研组的形式究竟以怎样的方式引导教师提升专业能力，尚缺乏充分的论证和公认的成果。理论上来说，一个组织如果确实发生了影响，既有可能是正面积极的，也有可能是负面消极的。教研组对于教师的影响，既未被证实也未被证伪，能否成为经验尚待科学论证。至于集体备课，不久前在上海对近 8000 名中小学幼儿园教师所进行的问卷调研显示：面对庞杂的课程事实和众说纷纭的教师要求，一大批成长期的教师从茫然不知所措，到随波逐流；而所谓“成熟期”的教师则顾影自怜地停留在自我经验的世界中，真正知识讲授型教师则难觅踪影。教师发展的局限已成为深化课程改革的短板，这样的局面不改变，教育质量有大滑坡的风险。

教师的成熟需要积累丰富的社会实践

在汉语中，我们把师者称为“老师”，一般解释其中的“老”无义，表尊敬。其实《荀子·致士》中强调了做老师有四个条件，其中一条曰“耆艾而信，可以为师”。古人把 50 岁的人称为“艾”，把 60 岁的人称为“耆”，把 70 岁的人称为“老”。这或是“老师”称谓的早期由来。可见，年龄本是成为教师的一项先决的基本条件。只是在制度化教育出现以后，尤其是以分科为特征的知识传授成为学习的基本形式形成以来，这种年龄的限制才被取消。

古人为什么会对为师者设置年龄限制，是因为教师的职业属性是一名“杂家”，这样的“杂家”不经过长期的、丰富的社会实践积累，是难以炼成的。在今人眼里，“杂家”似乎意味着专业程度低人一等。其实，无论是在古代中国还是在近代西方，强调的都是社会中的个体应具备多方面的才能。孔子所谓的“君子不器”不是在谈“杂家”吗？而马克思关于人的全面发展又何尝不是在谈“杂家”呢？及至当代，“把一个人在体力、智力、情绪、伦理各方面的因素综合起来，使他成为一个完善的人，这就是对教育基本目的的一个广义的界说”（《学会生存》）。这句话表明“杂家”较之于“专家”更近于“完善的人”。教师面对的是多姿多彩的学生，每个学生都有各自的阅历，他们的家庭、他们的生活、他们的所见所闻都不尽相同，每个学生都是一个完整的世界，每个学生又都是一个独特的世界。教师要想成为学生精神生活的指引者，自己必须是一个精神生活丰富的人。而精神生活丰富的基础就是有渊博的知识，不仅是专业知识，而且是与之相关的各方面的知识。

岗位成长已成为教师专业发展的共识

我们拥有成熟的师范教育体系，拥有完备的教师任职制度，是否就意味着我们拥有了优秀教师的培养机制？想要回答这一问题，须明了教师是师范院校培养的吗？教师资格认证制度是从教的当然资质吗？

教师知识与技能的习得途径主要有三种：一是书本阅读，二是课堂知识传授，三是实践体悟。前两种可以通过岗前培养与训练获得，后一种则需要在岗锻炼习得。这就意味着，一名真正合格的教师无法在职前培养中完成，亦无法依靠教师资格认证制度自然解决。这也可以解释为什么近年来相当数量的示范性高中多从综合性大学招收新任教师，是示范性高中教学要求低，还是这些学校无视教育的专业属性？答案显然不是。教师的专业性主要不在于“知”，而在于“行”，即一名教师在从教岗位上的实践、探索、体验、反省和觉悟。可以认为，教师是在岗位实践中自我型塑的，师范院校也好，综合性大学也罢，都不过是为一名教师从教所做的预判性准备。

所谓教学，不是教师从书本上把知识搬家一样送到学生面前，它必须融入教师自己的透彻理解，没有教师的透彻理解很难有学生的透彻理解，“以其昏昏，使人昭昭”的事在教育上是难以发生的。在教师透彻理解的基础上，还必须考虑知识传授的方法。采取什么样的方法，除了教师的个人喜好外，还涉及知识的难易程度、学生的接受程度以及教学资源的承受能力等因素，取舍之间，包蕴着非常丰富的个性化知识。一名真正的优秀教师拥有丰富的个性化知识，犹如中医问诊中的察颜把脉。这种知识无法仅仅通过书本研读和知识传授获得，需要通过实践不断揣摩，从而得到一种内化了的知识。显然，它是一种非常个人化的特殊知识，需要教师在对每个学生“辨症”施教中不断积累，其习得主要依赖于教师的个人努力。由此，可以得到一条简单而又明确的结论：帮助一名从教者，使之成为一名真正的师者。可以说，帮助数以千万计的从教者，使其早日成长为师者，这是今日中国教师教育领域的一项重大课题。

助推教师成为教育的思想者、研究者、实践者和创新者

国家兴旺，教育为本；教育优先，教师为基。持续了半个世纪的教育改

革浪潮把教师发展推到了历史的前台。在当代教育的历史进程中，教师不是单纯的任务执行者，而是教育的思想者、研究者、实践者和创新者。在专业发展的路径上，教师的主体地位、精神和意识得到了时代的推崇，教师专业化发展和对教师的重新发现将对教育产生重大影响。可以说，教师问题的重要性已无须讨论，而应考虑如何实践。

新一轮课程改革呼唤着教师创造性地施行教与学的行为。吊诡的是，一大批被应试熏陶出来的青年走上讲坛，他们却被要求培养有创新能力的学生。面对变化了的教学材料和教学要求，是施教者的一脸迷茫和不知所措。英国教育家沛西·能曾说过，教师是学生学习的最大动力。问题是，迷茫中的施教者如何才能让自己成为学生学习的动力呢?

基于上述认识，由上海市师资培训中心主持，联合上海师范大学、华东师范大学以及上海教育出版社等单位，倾力研发并打造了这套“上海教师教育丛书”。本丛书由“知会书系”“知新书系”和“知困书系”三部分构成，分别聚焦新教师的教学规范、校本的教师研修经验以及优秀教师的成长启示，旨在从岗位上助推有资历和创造性的教师成长，这是我们的理想和愿望。

鉴于本书系不仅是上海也是国内自改革开放以来第一次全面系统开发的教师在岗培训教材，限于能力和水平，在编写过程中尚有诸多局限和不足，乞教于方家，不吝批评指正!

上海教师教育丛书编委会

2017年4月

序

只要有教育，教师专业化发展就是一个永恒的主题。

在当前基础教育课程改革不断深化，进入“核心素养”时代的背景下，英语学科课程改革给我们带来的最大挑战莫过于“教师专业化”的挑战。英语学科课程改革不断深化的成败，归根结底取决于教师，因为教师是理想与现实、理论与实践之间的转化者。外语教师是一种专门化的职业，它有自己的专业素养，有自己的专业追求，有自己的理论指导，有自觉的职业规范和成熟的职业技巧。因此，拥有优秀的专业素养，不是被动适应课程改革的深化，而是主动地推进课程改革不断深化，迎接核心素养时代的到来，应当成为全体外语教师的共同追求。

毫无疑问，外语教师是外语教学取得成功的核心因素，我们清醒地认识到，教师自身的语言素质、教学观念、教学理论水平、教学技能技巧、教师自主发展能力等都是推进学科核心素养培养和发展的重要因素。事实上，教师在教学过程中对教学方式的选择、对教学行为的确定、对教学技能的运用，都与教师本身的教学观念、对教学过程的认识以及教师所掌握的教学微技能有着极为密切的关系。

基于以上思考，以许伶萍为领衔人的团队，在对上海市初中英语教师教学现状做了广泛的调研之后，精心设计开发了“初中英语课堂微技能提升”网络课程，该课程归纳了影响课堂活动实际效能的九项微技能。在许伶萍老师的组织指导下，对九项专题开展了理论学习、教学研究、现场研讨。在加深对外语教与学过程和规律认识的基础上，对初中外语教学实践经验做了有效的提炼和升华，概括归纳出适合本土外语课堂教学的微技能。这些微技能将对英语学习活动的实施和课堂教学设计发挥显而易见的促进作用。

“初中英语课堂微技能提升”课程播出后，深受一线教师的好评与赞赏。为了帮助更多英语教师学习、掌握这九项微技能，提高课堂效率，促使教师教学观念和英语业务水平的与时俱进，作者团队对课程做了全面的修改调整和提升，并在此基础上形成《初中英语课堂教学微技能提升》一书。充实后的书稿有以下显著特点：

（1）理论阐述简洁易懂。围绕主题，运用通俗的语言对相关语言教学理论进行深入浅出的讲解。规避通常阐述外语教学微技能时纯讲方法和技巧的弊端。本书首先有针对性地引用理论，比较简要、概括地描述教学微技能，使具体的技能有扎实的理论作为支撑，让教师运用技能时有理性的思考。

（2）本书的主编是一位长期从事外语教师培养的专家，其在教师培训课程开发和建设方面的经验丰富，专业造诣深厚，其他编写者均为英语教研员和一线优秀英语教师，十分熟悉外语的教学理论，也积累了大量将外语教学先进理念转化为行为的实践经验。九项专题的论述，均采用理论阐述、课堂演示、课例实操的编写体例，理论紧密联系实际，既有理论依据又有方法和案例，对初中英语课堂教学具有很强的指导针对性和可操作性。例如，有关听力聚焦训练、口语流利训练、看图写话训练、记叙文写作微技能等的介绍，教师读后便可实践，能取得立竿见影的效果。

（3）本书在编写中尤其注意采用互动式的方法来呈现外语教学理论，而不是生硬地灌输某些观点。每项专题都由提问开始，设置不同的任务，引导教师在完成任务的过程中，学习理论、思考观点、动手实践。“读”“练”结合，围绕主题，把理论和教学实践有机联系起来，此时读者教师已改变被动接受的角色，主动参与、积极思维，发表各自的见解，如此教师便能取得较大的收获。

日本教育家佐藤学认为，如果说19世纪和20世纪的教师都是教的专家，那么21世纪的教师则必须成为学习行为的设计者。从教的专家转变为学习行为的设计者，其背后是教学主角的改变、教学途径的改变和教学内容的改变。当下基础教育的英语课程改革目标转向学科核心素养，关注“立德树人”的教育根本任务，强调学科育人的教学方向，外语课堂教学必将产生重大转变。一线教师期盼新理念、新方法、新技能的学习和掌握，《初中英语课堂微技能提升》的推出，必定能帮助更多英语教师成为学习行为的设计者。

上海市师资培训中心英语特级教师　顾立宁

2021年6月

前　言

语言是交流的工具，学习语言的最终目的是运用所学语言表达自己的思想和观点。学好语言就要掌握听、说、读、写四项技能，而每个技能又可划分为更小的语言技能，即微技能（micro-skill）。各项微技能的娴熟掌握对提高语言的总体水平至关重要。初中英语教学是系统性地向学生介绍和传递英语知识的开端，同时也是学生进一步提升语言知识和学习策略方法培养的承上启下的关键期。初中英语课堂教学的重点应围绕单词短语、听说写作、语句时态等知识点来开展。初中英语教学既强调学科的基础性，又注重提供给学生多元化的发展需求；既重视学生语言知识的掌握，又关注学生英语综合能力的发展。

在当前的教学活动中，我们经常观察到这样的情况：在课堂教学过程中，学生在老师的带领下，一会是角色扮演，一会是任务汇报，一会又是小组讨论……整堂课令人目不暇接，眼花缭乱。从表面来看，课堂气氛活跃，教师组织教学活动的方法多样，学生参与度也高。但是，在教师和学生的精彩表演后，我们是否思考过，在这种课堂教学中教师究竟教给了学生什么，学生究竟学到什么，这些活动是否真正起到落实教学任务的作用，学生是否真正达成了预期的学习目标。

邓睿在其关于“教师职业成就感”的调查研究中发现，在教师对自身的职业期待中排名第一位的就是“提升教育教学技能”。有效教学已经成为当前教学理论和教学实践领域的热点问题。每一位教师都在尽力使自己的课堂更加有效。课堂中的低效或无效现象背后都对应着教师的一个或几个低效或无效的教学行为。进一步追溯，影响教师教学行为的主要因素包括诸多教学微技能。因此，追求教学的有效性必须从具体的教学微技能的有效性开始。①

① 邓睿．意义、内涵与途径：教师教学微技能研究初探［J］．现代基础教育研究，2018，32（04）：192-196.

“微技能”这一概念最早由英国的语言学家 John Munly 在其著作 *Communication Syllabus Design* 一书中提出。他将英语学习中的“听、说、读、写”每一分项语言技能分为更小的语言技能，如阅读技能可分为解词能力、理解句内关系能力、摘取要点能力、基本参阅技能、略读能力、查阅能力等。如同语言技能可以进一步分解一样，复杂的教学过程也可以细分为若干单一的、简单的技能，可逐一加以训练、研究和提升[①]。本书所指的教学微技能是教师为助推学生达成某项语言技能而开展的相应的教学活动，因此教学微技能既指代指导学生提升的语言微技能，也指代教师开展相应教学活动的教学微技能。

1. 如何运用精细的教学微技能让课堂更高效

俗话说成功来自细节。在英语教学课堂中，如果教师缺乏对微技能的准确理解，缺乏对微技能实施目标的清晰了解，或是对微技能的设计过于粗糙，没有对微技能进行精细化的设计和实施，那么这些流于形式的活动便无法充分调动技能本身的效能，就会影响课堂活动实际效能的充分发挥。

我们开发了“初中英语课堂微技能提升”网络课程，帮助教师厘清英语教学中常见活动的目标定位、设计思路以及核心微技能的设计和实施细则等，便于更精准地发挥各个活动的效能。本书既可作为网络课程的配套培训教材，也可以在专题培训时单独使用。

2. 本书关注的微技能有哪些

本书以初中英语课堂教学中常见的活动为聚焦对象，紧紧围绕英语基本技能听、说、读、写展开，通过理论阐述、课堂演示、案例实操等方式让教师了解英语课堂常见活动的开展和实施方法。本书尤其注重相关专题微技能的提升，一是帮助教师提升英语本体性知识，即英语常见活动的设计原理、实施步骤和反馈方式等方面的知识和技能；二是在指导性实践和反思中帮助教师在实际教学中有目的、有策略、有方法地开展相关活动。通过提升活动中微技能的细节设计和精细实施，提升教师的教学技能和本体知识，最终提升教师英语课堂教学的品质和实效。

本书包括九个专题，每个专题独立成章，九种英语技能基本上涵盖了

① 谷芳芳 . 理工科大学英语教学的微技能训练［J］. 高等建筑教育，1987（01）：49—52.

听、说、读、写英语教学的常用技能。第一章听力聚焦（focused listening），第二章口语流利（fluent speaking），第三章连续性文本阅读（narrative reading），第四章看图写话（picture writing），第五章记叙文写作（narrative writing），第六章头脑风暴（brainstorming），第七章角色扮演（role play），第八章信息差（information gap），第九章小组活动（group work）。

每章的第一节介绍相关的课堂实施原理及策略。第二节重点演绎和该活动相关的二至三个微技能，包括微技能的理论阐述、课堂案例描述等。例如，开展头脑风暴活动时诠释如何有效收集信息的微技能，在听力聚焦训练中重点关注的是如何记笔记的微技能。第三节进行实战操作，教师回到自身的教学场景中实战演练若干微技能，并对照提供的参考说明进行反思，进行实践性的练习。另外，第三节中提供了相应的资源包，包括相关专题的拓展阅读、网站资源、教学案例等，帮助教师按照自身兴趣拓展相关专题阅读或为教师在教学中进行开拓性创新教学时提供参考和借鉴。

3. 如何使用本书

本书是上海市市级共享课程“初中英语课堂教学微技能提升”的配套阅读文本，既可以作为教师研修该课程时的辅助读本，也可以作为独立的阅读文本供教师个人或教师培训使用。使用时请贯彻以下理念：

（1）重视教师已有经验和知识

教师都有丰富的教学经验，即便是新教师，也有丰富的语言学习经验，这些都是教师培训宝贵的学习资源。因此在培训过程中，无论是训前的思考题，还是观看视频后的微讨论以及线下作业，都要紧紧围绕教师的日常教学展开，重视教师已有的教学经验和知识，并且在培训中能通过反思和比照增进教师自身相关语言学习的教学经历。

（2）做中学，做中变

通过观看体验式的课堂实录并参与讨论，教师可以对照自身的教学发现自我教学中的不足。书中互动性很强的活动设计鼓励教师在“做”中学习，结合自身教学实践和反思，并能在新的实践中学习和提升自我。即便只是阅读本书，教师或培训者也可以在字里行间找到很多课堂教学的真实案例。这些鲜活的教学实践既是优秀一线教师的实践智慧，也是教师开展相关教学实践的引领和示范。

（3）多样选择

正如教无定法，教师培训和教师自我学习需要注意各活动有多种多样的组合，不要拘泥于固化的一种做法。教师可以根据自身的教学特点和学生的特点选择适合的方法和手段来开展各类语言活动，可以对教学活动进行改编和裁剪。

（4）“研究—实践—反思”反复循环

在教学微技能的实践过程中，教师确定了要研究的某一教学技能后，要进行大量的理论学习，收集和梳理与这一教学技能相关的教学理论。经过个人的理性思考和分析加工后，在教育教学的过程中加以实践，在边反思边改进的过程中寻找最适合的教学方法。

编者

2021 年 6 月

目　录

第一章

听力聚焦训练
Focused listening

听力是英语交际能力中的重要组成部分，是英语习得的手段与过程。通过听力活动，学生感知语言形式、意义和功能，进行大脑内化及加工，为发展语言运用能力提供必要前提。听与读、写与说的技能结合可视为输入与输出、理解与活用为一体的综合语言技能。听需要听者积极参与，是语言知识与背景知识相互撞击、相互作用的主动的心理过程。教师应该是学习过程的组织者和指导者，而不是将学生视为被动的信息接收者。如何帮助学生正确理解听力材料，鼓励他们积极地参与到听力活动中？本章将帮助教师梳理英语听力聚焦教学中常用的微技能，并借助课堂实录进一步举例解析如何将其中的预测和记笔记两项微技能在教学中进行有效的运用。

第一节　听力聚焦训练

在日常生活中，人们参与“听”的活动时间几乎是“说”的两倍，远胜过“读”和“写”。在第二语言习得的过程中，听力能力至关重要。语言的习得离不开语言环境，而语言环境从哪里来？通过听，一开始，学习者就可以将自己置身于第二语言环境中。相比较口语训练，对听力的重视和技能培养，更能促进学习者“说”“读”“写”等其他语言技能的发展。

一、听力学习者的普遍体验

目前，无论是教材的编写还是教学大纲的设计，都强调以学生为中心。基于调查，来看看学习者是怎样看待听力的呢？

首先，听力学习者普遍认为，听力是最难的课程。①

其次，听力学习者普遍认为，听力是最重要的课程。②

再次，听力学习者有较强的焦虑感。

（一）听力学习者的困惑

（1）觉得语速太快。

（2）无法在一长串语音中准确区分出单词。

（3）听过的内容很快忘掉。

（4）能看懂的词却听不懂。

（5）明白单词的字面意义却不知道在文本语境中的含义。

（6）前面有听不懂的地方，影响了后面的理解，进而影响全篇的理

① Graham, S.(2002). Experiences of learning French: A snapshot at Years 11, 12 and 13. *Language Learning Journal*, 25(1),15–20.

② Elisha-Primo, I., Sandler, S., Goldfrad, K., Ferenz, O., & Perpignan, H. (2010). Listening to students’ voices: A curriculum renewal project for an EFL graduate academic program. *System (Linköping)*, 38(3), 457–466.

解度。[①]

听力学习者多将困难的产生归因于自己的技能低下，或是听力材料、任务等太难，很少有人把听力成功的原因归结为策略的合理运用。学习者的反应大多被动而无助，听得越多，却越来越低效。[②]

（二）学习者对听力活动缺乏兴趣的原因

Field[③] 将学生对听力活动不感兴趣的原因进行了归纳。第一，教师控制了整个听力活动的程序、速度等，听力活动的中心是教师而不是学生。第二，有些听力理解活动容易使学生产生孤立无援的心理体验。第三，与真实的本族语者交际语境中的交际活动相比，学生在听力中往往难以产生类似真实的交际环境下所能产生的交际需求。例如，在阅读过程中学生能主动控制阅读的速度和次数，而听力材料主要以声音作为传播媒介（有些听力理解会伴随图像），学生无法控制。一旦教师开始播放录音，学生必须保持注意力紧随听力的信息内容；如果听力材料篇幅过长，包含信息量过大，或者讲话者的语速过快，就容易产生理解障碍，学生也不能像在真实交际语境中那样向讲话者提问，要求重复或者进行意义澄清。

所以，在英语的听力教学过程中，材料和相关策略的选择对于提高课堂效率至关重要。

二、聚焦听力训练的相关策略

（一）听力聚焦训练

何为听力聚焦训练？

Focused listening is strategy that chooses a structured text that requires careful listening and guides students to listen closely to a text. It helps students listen attentively with no distractions and to identify key points and main ideas.

---

① Goh, C. C. M. (2000). A cognitive perspective on language learners' listening comprehension problems. *System* (*Linköping*), 28(1), 55–75.

② Graham, S. (2006). Listening comprehension: The learners' perspective. *System* (*Linköping*), 34(2), 165–182.

③ Field, J. (2009). *Learning in the Language Classroom*. Cambridge: Cambridge University Press.

Students learn how to focus on specific information and screen out irrelevant material, how to interact in given contexts and how to ask for clarification.①

听力聚焦训练取材于英语本族语者真实的交际语境和交际事件，是基于文本的听力教学设计，可听取特定项目，专攻某一特定词语，针对动词、形容词或数词、表示大小的量词等，缩小范围，集中聚焦听力材料中的细节和事实，排除无关的干扰材料，最后进行语言分析。

听力理解过程就是学生通过听觉器官和大脑进行的认知活动，运用语音、词汇、语法和各种非语言的信息、知识，把感知到的听觉信号转化为信息，最终实现交际目标的过程，是一个主动的、有目的的信息加工过程。同时，听力理解过程也是一个推理过程，是一个持续地根据新信息对大脑所建构的意义进行修正的过程。学生对于听力材料的理解，也不是一个仅仅从听力材料的字里行间挖掘意义的过程，而是以学生为主体的、具有主动性与情境性的意义推理和假设建构的过程。

（二）听力学习的策略

基础教育阶段英语课程的总体目标提出要培养学生建立在语言技能、语言知识、情感态度、学习策略和文化意识等素养整体发展基础上的综合语言运用能力。其中，学习策略是提高学习效率、发展自主学习能力的保证。

1. 听力策略的分类

以 O' Mally&Chamnot 的框架为蓝本，结合听力理解过程的特点，一般将听力学习策略分为三大类，即元认知策略、认知策略和社交 / 情感策略。

① Professional Learning Board. How Can I Introduce Focused Listening to Promote Listening in the Classroom? [EB/OL]. [2020-06-05]. https://k12teacherstaffdevelopment.com/tlb/how-can-i-introduce-focused-listening-to-promote-learning-in-the-classroom/.

表 1-1　听力学习策略

听力学习策略	元认知策略	选择性注意、自我监督、自我评估、自我管理
	认知策略	推测、翻译、反复、重复、归类、记笔记、联想、概括等
	社交 / 情感策略	合作、克服焦虑和自我鼓励

Mendelsohn 的定义策略教学法（Strategy-bases Approach）是源于策略指导的一种教学方法，其教学目标是如何教学生去“听”。① 要实现这一教学目标，首先要使习得者明确语言是如何发挥其功能的；其次要让他们懂得自身所使用的策略，即形成“元策略意识”（metastrategic awareness），教师还要在此前提下指导学生使用更多的策略。因此策略指导实质上就是紧扣课程设置，在每个策略单元重点突出并紧扣一个或一系列相关策略，包括背景、人际关系、语气、话语主题及话语意义等。

2. 听力策略须遵循的原则

同时，Mendelsohn 还提出了以策略指导为主导的听力单元结构所遵循的原则和步骤。

（1）注重策略意识。学生和教师都要认识到策略指导与学习的作用及价值。

（2）开展听前的预备活动。这一环节可以激活学生的背景知识。

（3）紧扣听力材料。此环节能使学生清楚他们将要听什么、为什么要听，即要注重听哪些内容（细节、大意等）。

（4）提供指导活动。专门设计一些活动就某一策略的运用提供适量练习，为达到此练习目的甚至有必要放弃使用“真实”材料，而是根据练习目的编制一些听力材料进行强化练习。

（5）用真实材料练习。学生一旦受过策略运用训练并充分认识其价值后，需要加大真实材料的听力练习。要防止陷入过去全神贯注于策略指导

① Mendelsohn, D. J.(1995). Applying learning strategies in the second/foreign language listening comprehension lesson. In D. J. Mendelsohn & J. Rubin(Eds.) A Guide for the Teaching of Second Language Listening (pp.132–150). San Diego, CA:Dominie Press.

的误区，即只顾学如何听而忽略对真实材料的理解。听的关键应该是关注内容和意义，而不是语言本身。

（6）运用对所听内容的理解。此环节要运用已听到的内容来帮助理解，如一边听一边记笔记，抓取主要信息或填表格等。

3. 听力课堂常用微技能

Helgesen & Brown① 曾这样描述听力理解的过程：听者首先理解意义，然后注意形式。仅靠“听”和“辨”来记忆只是不牢固的表层记忆。记忆与理解相互作用，效果才会更好。根据听力理解独特的认知特点，要求学生在听力理解的过程中具备一系列微技能（micro-skills），又称实现技能（enabling skills），即完成一项综合性活动所需要的各种技能和能力。

听力课堂中常用的微技能有以下几种：

（1）预测（prediction）：在听前或听中预测听力材料的结构与内容；

（2）记笔记（note taking）：用缩写、图表或数字等形式记录关键词语或概念；

（3）推理（inference）：利用上下文情境来推断和预估词义、句意、文章的主旨意图等；

（4）激活语言知识（key-word strategy）：利用关键词、语法知识和固定搭配帮助理解；

（5）联想（elaboration）：联系背景知识、常识和听到的信息领会词义、句意、文章主旨等；

（6）意象（imaging）：把获取的信息在头脑中形成一个视觉图像；

（7）重复（repeated listening）：有声或者默默重复听到的内容；

（8）重组（grouping）：把听到的独立词语重新组成句子和段落、概念、事件，并将信息重组、编码，形成有意义的命题；

（9）演绎应用（deductive application）：利用所学的语法、句法等语言知识推断生词、句子意思，如利用同源词、关联词和信号语言等；

（10）新旧知识联结（building on prior knowledge）：联系已经掌握的知

① Helgesen, M. & Brown, S(2007). *Practical English Language Teaching*. Nanjing: Yilin Press.

识，理解新的知识；

（11）归纳（summarizing）：根据听力内容的细节、层次归纳主旨大意；

（12）迁移（transfer）：利用母语知识帮助理解；

（13）翻译（translation）：将某些词句翻译成母语再理解其意义。

4. 图式理论与听力微技能

要想正确使用各项听力的微技能，提高学生听的兴趣和效率，教师应当合理利用好学生头脑中原有的“图式”。

图式（schema）指“已知事物或信息存储于头脑中的知识结构”。面对崭新的听力材料，学生不应该只是被动听取一连串语音符号，而应该结合头脑中已经存在的图式对所听的内容进行处理和加工，获取信息并在头脑中建立相应的新图式，即对当下听力材料的理解。听者脑中已有的图式是决定听力理解成功与否的关键因素。听力过程中正确利用好主题、语言、形式等各类图式，如相关话题、文化、语用、社会或策略知识等，有助于对材料进行预测推断或分析处理，为听者理解相关信息做好积极的准备。

Anderson 认为图式的重要性主要体现在以下六个方面[①]：

（1）为吸收篇章信息提供心理框架；

（2）有助于注意力的分配；

（3）有助于指导性发挥；

（4）有助于从记忆中有条不紊地搜索信息；

（5）有助于编辑与总结；

（6）有助于推倒性重构。

心理学实验证明，图式在听力理解的信息提取方面扮演着重要的角色，对于理解力的加强主要表现在三个方面：

（1）图式为解释篇章的内容提供参照和向导；

（2）图式有助于听者考虑语境、排除歧义、准确判断；

（3）图式有助于听者对上下文的预测。

① Anderson, J. R.(1983). *The Architecture of Cognition*. Cambridge, MA: Harvard University Press.

人类大脑中的世界知识以图式的形式组织在一起，如圣诞节图式、购物图式、校园图式、就餐图式等。图式作为认知的基础，在听具体的语篇时图式一旦被激活就有助于听者预测材料的未知信息。成功的听力理解除了需要利用书面文字信息外，还需要调用听者原有的知识结构。高效率的听者并不是被动地解读每个单词，而是积极地使用大脑，调动自己大脑中原有的图式知识，通过语言材料与作者进行心理交流，充分理解作者的写作意图，重构原文的意义。所以，理解话语所需要的很多信息并不需要在话语中明确地呈现，听者可以根据所掌握的图式知识进行推测。学生大脑中的图式储存量越丰富，其听力理解行为就越准确和迅速，也就越有利于听力理解的流畅性和建立新的图式。反之，如果缺乏相关图式，英语听力理解的过程就会出现障碍。

5. 图式理论有助于英语听力教学

上海版的牛津英语教材，基于单元主题形式进行内容编排，Reading, Listening, Speaking, Writing 等板块内容紧扣主题，非常适合基于交际法的听力教学法①、基于过程而非基于结果的教学法②和任务式教学模式的运用与实践。教材内容非常有利于学生头脑中相关主题的图式有效形成，并促进听力教学中相关策略和微技能的合理运用。

英语学科应以培养学生的语言能力、思维品质、文化品格和学习能力为任务，以培养学生英语学习的核心素养为途径，促进学生的全面发展。听力是语言知识和技能的重要载体之一，也是学生学习和应用语言的有效途径。听力教学应该紧紧抓住课堂，以提高学生的语言基础和语言能力为载体，以训练学生的综合语言运用能力为目标，实现对学生学习方法、人文底蕴、文化认同、国际理解等诸多维度综合素养的培养。

---

① Nunan, D.(1991). *Language Teaching Methodology*. New York: Prentice Hill.

② Field, J.(2008). *Listening in the Language Classroom*. Cambridge: Cambridge University Press.

第二节 听力聚焦训练微技能

训前思考

1. 在听前预测时，需要聚焦什么信息？
2. 在听中记笔记时，应该记下哪些信息？

听力聚焦训练中的策略运用与具体的语言任务有关，是学生利用原有知识，对输入的信息进行有效加工处理时采用的特定技巧。[①] 针对听力教学中最常用的预测和记笔记两项微技能，下面利用相关课堂实例作一个更为具体的分享和分析。

一、预测

预测指的是语言使用者或学习者通过对交际过程中或听到的语篇中获得的信息进行筛选、归纳和推理等，预测将要出现的语言内容的心理过程。在听力教学中，相关图式能够对听力语篇的理解产生指示作用。当学生对材料所使用的文体比较熟悉时，能够比较容易地从语篇结构上推测出下一部分内容，从而达到理解整个语篇的目的。

一个外部输入的信息激活了听者脑中相应的图式，听者就会对即将要听到的内容产生一种预期，再经过“证实→拓展→修正→再预测→再证实”的知觉过程，最终实现不断选择、理解、总结所听内容的过程。当预期与所述内容一致时，听者则易于理解内容。反之，说明听者的预测出现偏差，则会刺激听者修正偏差，提高听的兴趣。

听前和听中需要预测的内容有：（1）题材；（2）体裁；（3）主题；（4）可

① Cross, J. (2009). Effects of listening strategy instruction on news videotext comprehension. *Language Teaching Research: LTR*, 13(2), 151–176.

能提出的问题；（5）结构顺序及相关情节；（6）内容（可能使用的单词、短语、数字等）；（7）语境；（8）职业身份；（9）说话者之间的关系；（10）说话者的意图和态度。

教师利用图式理论指导听力预测的过程一般包括三个阶段。

第一阶段：Pre-listening，激活图式的阶段。

利用好听力材料已经给出的内容，如表格、文字及图片等，对即将听到的文本进行大胆预测，激活相关图式。

第二阶段：While-listening，图式具体化的阶段。

听力过程中保持思维活跃，抓住主题句、捕捉关键词，尤其关注关联和过渡词（短语），感受说话者的语气、语调及语速，结合已经了解的文化背景等知识，在头脑中具体化新的图式内容。

第三阶段：Post-listening，新图式形成和验证的阶段。

首遍听力完成后，根据头脑中的记忆和所作笔记等回顾相关内容，逐一验证，及时发现听力漏洞，进行纠正并完善，从而形成新的图式。

听力教学中，图式可以分为主题图示（content schemata）、语言图式（language schemata）、形式图式（formal schemata）三大类。主题图式又称内容图式；而形式图式指的是各种文章的体裁或结构的知识，如寓言、故事、诗歌等。下面将以具体课例的形式对主题图式和语言图式在听力预测微技能中的利用做一些诠释。可以扫描右方的二维码观看相关视频。

（一）主题图式预测

主题图式主要指听力材料的内容范畴、主题或主旨。在平时的听力训练中，材料中的图片、提示文字和图表模式等往往被忽略，教师可以引导学生根据标题、主题词、配图等对听力语篇的主题和相关情节进行预测。培养学生在综合层面上对语篇的理解能力，不仅能激活学生已有的相关词汇和知识，还能确保学生关注需要完成的听力任务，提高学习兴趣。

案例：主题图式预测教学片段

图 1–1　描述小偷

选自《牛津英语》（上海版）8A U3 Listening: Descriptions of thieves

1. 课堂活动设计

表 1–2　主题图式预测的课堂活动设计

课堂实录	设计意图
Step1：请学生根据图片的提示预测图片的背景内容。 Questions： 1）Who are these men? 2）What are they doing? 3）Where are these men? 4）Can you guess what's special about the piece of glass? 5）Why are these men standing behind the glass?	通过问题链，引导学生预测图片的背景内容。
Step 2：请学生小组讨论嫌疑犯的外貌特征。 1）How old is he? 2）How tall is he? 3）Is he strong or thin? 4）What kind of clothes is he wearing? 5）What kind of shoes is he wearing?	通过图片和问题链，引导学生讨论人物外貌特征。

（续表）

课堂实录	设计意图
Step 3：请学生猜测嫌疑人。	通过之前对人物外貌特征的讨论分析，猜测嫌疑人，并阐述原因。

2. 设计说明

本活动的目的是基于内容图式（又称主题图式）展开预测，教师先通过问题链引导学生猜测图片发生的背景，唤起学生的好奇心，让学生通过这些问题的思考和讨论，进而猜测文本内容。接着，通过图片引出嫌疑犯的外貌特征，如年龄、身高、体型、发型、服装、鞋帽等，让学生仔细观察不同的嫌疑人并进行描述，最后猜测谁可能是真正的嫌疑人并阐述理由，为之后 description of thieves 的听力填空做充分的铺垫。学生根据自己已有的文化知识和社会知识等对听力材料进行预测和分析处理，为将要听到的信息做好积极的准备。

（二）语言图式预测

语言图式（language schemata），主要指听者头脑中原有的语音、词汇、语法等方面的语言知识。在平时的课堂听力训练中，教师可以指导学生通过熟悉同化、连续、缩略等语音规律和不同语境下的语调模式、识别关键词汇的固定搭配及语用和语法知识等，进行有效预测。依然是之前的“描述小偷”的课例，教材提供的听力材料如下。

案例：语言图式预测教学片段

（材料文本）

P: Policeman; W: Woman

P: Now, could you describe the first man for me, please?

W: Yes, certainly. He was about 25 years old. He was quite tall. And he was very thin.

P: What about his hair?

W: It was black and brown in color. He had quite long hair. It was over his ears.

P: I see. And his clothes?

W: He was wearing a white T-shirt. I think it had some red writing on it. And he was wearing a pair of old, blue jeans.

P: Did you notice his shoes?

W: I'm not sure. I think he had black shoes.

P: Can you describe the second man? What about his age?

W: He was younger. I guess he was about twenty years old. But he wasn't as tall as the first man. He was rather short.

P: What about his weight?

W: Oh, he was very thin too.

P: And his hair?

W: He had short hair, I think. I couldn't see it really because he was wearing a black baseball cap.

P: Can you remember his other clothes?

W: Yes, he had a dark blue shirt and shorts, er, a pair of red shorts.

P: And did you notice his shoes?

W: Yes. He was wearing some old, white sports shoes.

P: Old white sports shoes. Right, thank you very much for your help.

请听者通过完成以下的表格预测一下两个小偷的模样。(Look at the table and predict the possible missing words.)

	Thief A	Thief B
Age	about 25	about (9)_______
Height	quite (1)_______	rather (10)_______
Build	thin	(11)_______
Hair	(2)__________ in colour, quite (3)_______ hair, over (4)_______	(12)_______ hair; black (13)__________
Clothes	(5)__________with (6)__________ on it; old, blue (7)_______	dark (14)_______ ; red (15)_______
Shoes	(8)__________	(16)__________ __________

图 1–2 警方笔录

选自《牛津英语》(上海版) 8A U3 Listening: Descriptions of thieves

1. 课堂活动设计

表 1–3 语言图式预测的课堂活动设计

课堂实录	设计意图
Step：请学生观察表格，预测所填单词的词性和词义。	引导学生根据表格的已知信息，预测所填单词的词性和词义。

2. 设计说明

此部分的预测基于语言图式（language schemata）展开，教师通过问题的引导，让学生根据自己已有的词汇、语法等方面的语言知识，对听力中的填空部分进行预测。比如：对于“height”这个栏目，学生的猜测是填形容词，教师再进一步引导学生“应该填什么样的形容词呢”，学生回答“tall or short”，学生预测得很到位；“build”这个词有“体格”或“体型”的意思，对此学生有些陌生，学生比较熟悉的意思是“建造”，但是根据已有信息“thin”的提示，学生猜测空格的词汇可能是“thin or fat”。教师引导学生利用已知的信息和提示，进行很好的听前预测。学生对即将要听到的内容进行充分的预测，再经过听力的过程进行证实或修正。

二、记笔记

记笔记指的是用缩写、图表、数字等形式记录一些关键词语或概念，从而将注意力集中于讲话人的逻辑和思路，使得听与记同步进行。记笔记能够保持听者的积极参与性，节省时间和精力，有助于记忆所听的内容。有效的记笔记方法如下。

1. 选出最重要的信息进行记录

在听写的过程中，不必尝试记录下所有内容，只选择最为重要的内容记录即可，如介词、冠词等在听写记录过程中均可忽略。

2. 用好主标题和小标题

主标题往往揭示文章的主题或核心内容，小标题则常把一段听力文本切割成几个结构清晰的部分。仔细阅读主标题和小标题，并做适当的强调标记（如下划线、使用不同颜色等），强调标题中的某些重要信息，为之后的听力做好铺垫和准备。

3. 用好听力中的空白间隙

利用转换话题或进入新内容时的“喘息的间隙”，补全之前听到的核心信息或者记录下预测到的后文中的关键词。

4. 使用缩写

创造属于自己的速记法。可以用缩略词表示，如十二个月份、一周七天以及一些如 VIP、EMS、IDD 等常用词；去除单词里的元音，在记忆单词时记录辅音字母会更有用；也可以使用自己很熟悉的缩写形式，帮助记录完整听力文本中的核心内容。

5. 使用符号和数字

使用数字和运算符，如“+”和“=”等，便于整理相关数据清单。也可以自己独创，如用“3%↑”表示以 3% 的速度增加、“5ys”表示 5 年等。

6. 使用图形

用视觉表征来做听写记录往往更行之有效。例如，当听一个逻辑关系很清晰的故事时，可以结合使用思维导图等方式将主要内容画出来，帮助理清脉络；同样，科普类的文本可以结合使用“主干—枝干”导图或词汇网等来梳理，帮助回忆听力内容。

下面依然用上海版牛津英语 8A U3 中的一个听力活动“描述小偷”（Descriptions of thieves）来阐述记笔记这个微技能的训练方法。可扫描二维码观看相关视频。

案例：记笔记教学片段

	Thief A	Thief B
Age	about 25	about (9)______
Height	quite (1)______	rather (10)______
Build	thin	(11)______
Hair	black and (2)______ in colour, quite (3)______ hair, over his (4)______	(12)______ hair; black baseball (13)______
Clothes	(5)______ T-shirt with red (6)______ on it; old, blue (7)______	dark (14)______ shirt; red (15)______
Shoes	(8)______ shoes	old, (16)______ sports shoes

图 1–3　警方笔录

选自《牛津英语》（上海版）8A U3 Listening: Descriptions of thieves

1. 课堂活动设计

表 1–4　记笔记的课堂活动设计

课堂实录	设计意图
Step1：请学生讨论，分享有效的记笔记技巧。	引导学生通过同伴交流，分享有效的记笔记技巧。
Step2：请学生回答问题，并共同总结梳理有效的记笔记方法（如缩写、首字母、记数字、图像法等）。 Questions: （1）As for the second blank, maybe you need to write a long phrase or sentence. But you can't write down all the information by just listening for one or two times. What can you do? （2）Do you need to write down the articles such as "a" or "an" or "the"? （3）Do you need to write down the prepositions such as "of" or "at"? （4）What kind of words are the most important? （5）Maybe we can also use some abbreviations. For example, as for the word T-shirt, what short forms will you use? And for numbers, do we write down the number or the English version? Which form is easier?	通过问题链，引导学生总结出有效的记笔记方法。

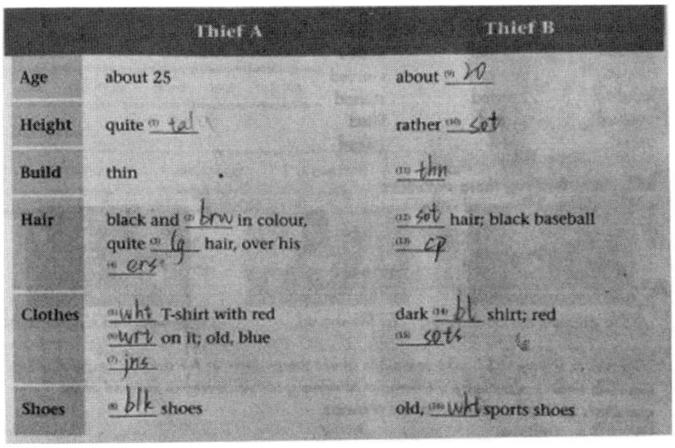

图 1–4　学生表现

2. 设计说明

新课程标准要求英语教师将“重视知识讲解”转变为“重视学生的语言

技能培养”，教师应帮助学生解决听力存在的问题，找出解决办法，把提高学生听的能力提升到重要的位置。在听力过程中，如何有效地记笔记是一项重要的听力微技能。教师可以通过问题链的形式，引导学生迅速捕捉关键信息并进行记录和拼写。教师在指导学生如何记笔记时提出几个问题："Do you need to write down the articles such as ‘a’ or ‘an’ or ‘the’?" 目的在于告诉学生做笔记时，在没有时间记下每个单词的时候，可以忽略一些虚词；进而继续提问 "What kind of words are the most important?"，学生回答"形容词、名词、名词词组"；教师以问题的形式继续引导 "What can we do when we meet with long phrases?"，以 "T-shirt" 和 "yellow and black" 两组词为例，激发学生的思维，共同讨论有效的缩写速记形式。

第三节 综合运用

一、实战演练

请您根据下列所提供的听力材料，设计一份至少使用两种听力微技能的听力教学指导案例。

Procedures （步骤）	Learning activities （学习活动）	Teaching purposes （教学目的）	Strategy used （使用策略）
Step 1			
Step 2			
Step 3			
Step 4			

（续表）

Procedures（步骤）	Learning activities（学习活动）	Teaching purposes（教学目的）	Strategy used（使用策略）
…			

（图片）

图 1–5　课文插图

In this task the speaker describes a scene, but the picture has eight incorrect details. The students must listen and circle the errors in a pencil, then explain them.

选自《牛津英语》（上海版）9A U2 Listening: What's wrong in the picture?

（文本）

One day I was walking near the Bund when I saw a small crowd of people. I walked over and saw that they were looking at a short old man. The man was wearing a red hat. He was dressed in a dark shirt and trousers, and black shoes. He was holding a pair of scissors and cutting something carefully out of a piece of black paper.

A young girl was sitting on a bench in front of him. She was looking up at her mother, who was standing nearby. The girl had lovely, long hair. Then I realized that the old man was cutting a picture of her. A sign next to the man said' Paper Picture, ¥ 50. One man in the crowd was holding a black paper picture. He was showing it to a woman. She was laughing at the picture.

I watched the old man carefully. He was very skillful. I thought about having my picture done, but then I looked at my watch. It was 6 p.m. Time for dinner. I left the small crowd, and went towards the bus stop.

1. 参考设计

Procedures（步骤）	Learning activities（学习活动）	Teaching purposes（教学目的）	Strategy used（使用策略）
Step 1	Ss look at the picture, discuss what they can see in the picture and answer the questions. 1) Where are they? 2) What are they doing? 3) How do they feel?	To break the ice, activate the original theme schemas in the Ss' mind.	—
Step 2	Ss talk about the purpose of the circle around the road sign in the picture.	To elicit the topic "What's wrong in the picture?" and explain the purpose of the listening task.	Inference（推测）
Step 3	Ss brainstorm what other errors may be in the picture.	To activate the original schemas in the Ss' mind such as the related vocabulary and life experiences.	Prediction（预测） Key-word strategy（激活语言知识）
Step 4	Ss listen to the material, circle the errors, and take notes about the details of the errors.	To check the Ss' prediction and form the new schemas.	Note taking（记笔记）

（续表）

Procedures（步骤）	Learning activities（学习活动）	Teaching purposes（教学目的）	Strategy used（使用策略）
Step 5	Ss listen to the material for the second time and double check the errors.	To let the Ss check, correct the answers and supply the details for the later discussion and explanation.	Repeated listening（重复） Note taking（记笔记）

2. 设计说明

（1）通过问题链，引导学生预测图片的背景内容，即基于内容图式（又称主题图式）展开预测，唤起学生的好奇心。学生通过这些问题的思考和讨论，进而去猜测文本内容，明确听力活动的目的。

（2）引导学生判断、猜测图片里可能的错误，学生根据自己已有的文化知识和社会知识等对图片里的信息和细节进行预测、分析处理，在激活语言图式的同时，为将要听到的信息做好积极的准备。

（3）听力过程中学生保持思维活跃，记笔记，捕捉关键词，结合之前的预测和思考，在头脑中具体化新的图式内容。

（4）听力完成后，学生根据头脑中的记忆和记录的笔记等回顾相关内容，逐一验证听前的预测，进行纠正并完善，从而形成新的图式。

拓展资源

（一）相关推荐书籍

在听力教学方面，推荐以下书籍供教师参考。任庆梅编著的《英语听力教学》，王笃勤编著的《英语教学策略论》，王艳著的《英语听力教学与研究》，赛尔斯－穆尔西亚主编的《英语作为第二语言或外语的教学》，H. Douglas Brown 主编、Jack C. Richards 编著的《教学点津：听力教学实用方法》（*Tips for Teaching Listening: A Practical Approach*）。

（二）相关推荐软件及网站

推荐学生使用一些英语听力软件：听新闻，了解最新的国内外热点；听故事，透过叙说真实人生故事的音频素材，练习如何听懂外国人所讲的真正英语，同时从中体会来自不同背景的宝贵经验和哲学；听 TED，学习不同领域专业人士所发表的科学、娱乐、文化、教育、艺术等内容，可以增长知识，开阔视野。总之，可以充分利用一些网站或 App 的资源，在线听适合学生听力程度与兴趣的英语素材来训练听力能力；还有一些听力测试的 App，能全真模拟考试流程，学生可以通过模拟试题练习听力。

参考文献

[1] 任庆梅 . 英语听力教学[M]. 北京：外语教学与研究出版社，2011.

[2] 王笃勤 . 英语教学策略论[M]. 北京：外语教学与研究出版社，2002.

[3] 王艳 . 英语听力教学与研究[M]. 北京：外语教学与研究出版社，2017.

[4] H. Douglas Brown. 教学点津：听力教学实用方法[M]. 北京：清华大学出版社，2014.

[5] 塞尔斯 – 穆尔西亚 . 英语作为第二语言或外语的教学[M]. 北京：外语教学与研究出版社，2006.

第二章

口语流利训练
Fluent speaking

英语口语表达流利性是语言基本训练的基础，它涉及的面很广，也是一个复杂的过程。英语口语流利性重在强调言语者有效而流畅地用英语表达想要表达的想法，体现在口语交际过程中的可沟通性、有效性和流利性。

如果您的学生也有以下英语口语上的问题，比如对用英语交流缺乏自信心、对讨论的话题和文本不感兴趣、欠缺语言表达能力，那么您可以通过学习本章内容，理解和掌握三种口语流利训练的微技能。将其运用到真实的课堂教学中，可以提升口语训练的实际效果。

第一节 口语流利训练

一、口语流利性的重要

我国的英语教学自实行新大纲、新教材以来，培养学生为“交际”掌握运用英语的能力这一教学目标已越来越明确，且十分重视对学生口语表达流利性的培养与提升。

上海地区“二期课改”实施以来，不断强调和深化对学生听说能力的训练，尤其是教师课堂中的口语实践与操练，旨在着力帮助学生改善英语口语的表达能力。我们进行了随机抽样调查，进一步了解“初中英语课堂教学中口语交际流利性”的现状和存在的主要问题（详见表 2–1）。

表 2–1 初中英语课堂教学中口语交际流利性调查结果（上海地区）

调查内容	相关数据	反映问题
学生在口语课堂中偶尔发言或者不发言	79%	初中英语课堂教学中学生口语的流利性有待改善。
学生发言时表达有时不流利和表达不流利	55%	
学生害怕讲错而不敢讲	60.5%	因教师的反馈不够适切，学生没法建立自信而影响口语交际的流利性。
由于老师经常纠正而让学生有挫败感	23.7%	
由于自己发完言后老师没有给出评价觉得迷茫	13.2%	
对老师、同学交流的话题和问题不感兴趣而没法投入	13%	因谈论的话题不符合学生的实际需求、文本内容偏难或偏简单而影响口语交际的流利性。
对于老师所提的问题，学生不知道该怎么回答	39%	因教师口语提问设计的内容和方式不当而影响口语交际的流利性。

从数据中反映的主要问题来看，“教师的反馈”“话题及文本的选择”

以及“问题的设计引导”是影响初中英语课堂教学中学生口语流利性的三个重要方面。

《上海市初中英语学科教学基本要求》中明确指出：“在听说实践活动中，使用正确的语音和恰当的语调表情达意，根据语音语调的变化理解说话人的意图和态度，区分交际场合，做出恰当的应对，完成交际任务。”这一内容实际上也是在强调，初中学习阶段，在英语口语交际的过程中追求的是流利性而非准确性。

二、口语流利性的定义

对于“口语流利性”这一概念，国内外相关研究者从不同角度给出过定义。[①] 张文忠认为，口语流利性是使用一种可接受的第二语言变体并流畅连贯地表达思想的能力，其流利性、连贯性和语言可接受性应为言语听辨者所能感受的；如果缺乏流畅连续性、连贯性和语言可接受性中的任何一种，语言表达的流利性就会受到影响。[②] 韦朝晖则从言语的根本目的和语言的根本特点来定义口语的流利性：言语者目的明确、富有情感、快速清晰、准确运用所学语言系统的声音和意义，较完美地达到交流思维信息和思想感情的能力。[③] 国外部分学者则对“口语流利性”这一概念有如下定义。Fillmore认为，口语流利性表现为“以话语填充时间”“用连贯的、合理的、语义密集的句子说话”“在不同场合驾驭恰当话题”以及“具有创造和想象”四种能力。[④] Richards 等则认为流利性是交际能力的一个水平，包括：① 自如地写出或说出语言的能力；② 拥有说出语调、词汇和语法知识良好但不一定完美的话语的能力。[⑤]Arevart 和 Nation 认为，流利性是最有效地运用所学

① 张菁 . 初中低年级英语教材二度开发的实践研究 [D]. 上海：华东师范大学，2006：13–14.

② 张文忠 . 第二语言口语流利性发展的理论模式 [J]. 现代外语，1999（02）：205–217.

③ 韦朝晖 . 国外影响第二语言言语流利性的因素研究述评 [J]. 外语教学，2002（03）：18–21.

④ Fillmore C, Kempler D., & Wang W. (eds.)(1979). *Individual Differences in Language Ability and Language Behavior*. New York: Academic Press.

⑤ Richards J., Platt J., & Weber H. (1985). *Longman Dictionary of Applied linguistics*. London: Longman.

语言知识的能力。[①]Schmidt 认为口语流利性是一种“自动化的程序性技能”（automatic procedural skill），是真正使用语言时对语言的处理能力。[②]Skehan 则强调流利性应以“语义”为中心，是完成真实交际任务时实际处理所学语言的能力。[③]

综上所述，英语口语流利性重在强调言语者有效而流畅地用英语表达想要表达的想法，体现在口语交际过程中的可沟通性、有效性和流利性。

三、英语口语流利性的提升策略

基于英语口语流利性的定义，下面分析了学生存在的英语口语问题背后的原因并对解决方法进行了分类。

（一）建立自信是适切反馈的目的

教师的反馈不够适切导致学生无法建立口语表达的自信心，而自信心恰是学生建立表达欲望和学习动机的主要因素。学者 Krashen 于 1985 年正式提出“情感过滤假说”，他认为在语言习得的过程中情感因素的作用是促进或阻碍，而动机、焦虑、自信是影响学习者情感的主要因素。学习者的动机越强、自信心越高，焦虑感就越低，因此情感对语言输入的过滤就越低，所获得的语言输入就越多。[④] 同样，学者 Abrabam 通过研究发现学生对语言的学习越有信心成功的概率也会越高。[⑤] 那么，教师应如何通过各类适切的反馈手段帮助学生建立自信呢？

研究表明，肢体语言是最直接和最可视化的反馈手段之一，“学生在课堂中更容易被教师丰富的表情、手势等肢体动作吸引，提升对英语的学习

---

① Arevart, S., & Nation, P. (1991). Fluency improvement in a second language. *RELC Journal*, 22(1), 84–94.

② Schmidt, R. (1992). Psychological mechanisms underlying second language fluency. *Studies in Second Language Acquisition*, 14(4), 357–385.

③ Skehan, P. (1996). A framework for the implementation of task-based instruction. *Applied Linguistics*, 17(1), 38–62.

④ Krashen, S. D. (1985). *The affective filter hypothesis: Issues and Implications*. London: Longman.

⑤ Abraham, C. (1991). *An Introduction to Classroom Research for Language Teachers*. Cambridge: Cambridge University Press.

兴趣”[①]。美国学者 Nunan 认为，“赞扬”能增强学生的学习动机，更有助于改进学习者的行为。[②] Brown 提出“互动”作为反馈手段在语言学习过程中的重要作用。[③] 此外，对初中生进行口语的纠错反馈也需要掌握一定的技巧，注重保护学生的自信心和进行口语交际的积极性。[④]

（二）开发教材是材料适合的关键

话题及文本的选择不够恰当也会让学生因不感兴趣或者难易度不当而失去表达欲望。话题和文本都源于教材、基于教材，如何让学生对这些话题和文本充满表达欲望呢？英语课程标准中指出：“积极开发和合理利用课程资源是英语课程实施的重要组成部分。”而最核心的英语课程资源则是教师对英语教材相关素材性资源的“利用与开发”[⑤]，但如果教师对教材过分依赖就会导致教师对教材的“二度开发”意识薄弱。所谓教材的“二度开发”就是教材的再开发，是将与教材内容相关的、对学生学习有意义的材料，经过教师的努力加以修改和加工，把其转化为适合学生学习的材料，[⑥] 也就是常说的“Use the textbook to teach rather than teach the textbook”[⑦]。英语课程标准中对教材的使用提出了如下建议：“教师要善于结合实际教学需要，灵活地、有创造性地使用教材，基于教材内容、编排顺序、教学方法等对教材内容进行适度删减、补充、替换、扩展、调整教学顺序、调整教学方法等。”

Davoudi 指出，关于某个话题的已有知识能促进读者对文章内容的基本理解，也有助于学生自觉主动地建立已有知识与新学知识之间的联系，在已掌握的知识基础上更高效地吸收新知识。[⑧] 作为进步主义教育运动的领

---

① 禚宝花．初中英语教学中肢体语言的使用探讨［J］．中学生英语，2015（26）：27.

② Nunan, C. (1991). *Language Teaching Methodology: A Textbook for Teachers*. New York: Prentice-Hall.

③ Brown, H. D. (2002). *Principles of Language Learning and Teaching*. Beijing: Foreign Language Teaching and Research Press.

④ 周杰．初中英语课堂口语纠错的策略探究［J］．英语教师，2017，17（12）：75–77.

⑤ 张菁．初中低年级英语教材二度开发的实践研究［D］．上海：华东师范大学，2006：1.

⑥ 俞红珍．教材的“二次开发”：涵义与本质［J］．课程·教材·教法，2005（12）：9–13.

⑦ 程晓堂．英语教材分析与设计［M］．北京：外语教学与研究出版社，2002.

⑧ Davoudi, M. (2005). Inference generation skill and text comprehension. *The Reading Matrix*, 5(1), 106.

军人物，杜威提出“经验自然主义”的课程观，认为话题和文本的“心理化”更能激发学生的学习和表达动机。Clarke 和 Silberstein 指出，应选择与学习者的语言水平和兴趣相适合的材料，并强调“兴趣”是一个比语言难易度更重要的标准。① 不过，基于任何一种角度进行的“调整”都需要立足课程标准中对学生口语提出的相关要求。

（三）设计框架是有效提问的准则

影响学生课堂口语流利性的第三个重要方面是教师对于问题的设计引导。Chaudron 研究发现，教师的提问方式也影响着课堂氛围，即在英语教学中教师要采取合适的提问策略，从而减少英语课堂中消极沉默的现象。②

教育心理学家曾提出“支架”理论，“支架”初始是指专家提供的有效支持，帮助初学者完成按照其实际水平独立不可能完成的任务。而当代认知心理学根据知识属性，把知识分为事实性知识、概念性知识、程序性知识和元认知知识四种类型③。因此，教师需要将“问题支架”与“知识的认知属性”进行有效对接，根据学生的认知特点，立足知识的特有属性，搭建“支架”将问题分层分类，让学生感觉“敢回答”“能回答”“准回答”，进而激发学生在英语课堂教学中的口语表达动机。在现代英语教学中，英语教师要分层提问，激发更多学生参与课堂教学。④

① Clarke, M. A., & Silberstein, S. (1987). Toward a realization of psycho-linguistic principles in the ESL reading class. In Long, M. H. & Richards, J. C. (eds.) Methodology in TESOL: A Book of Readings. Boston: Heinle & Heinle Publishers.

② Chaudron, C. (1988). *Second Language Classroom*. Cambridge: Cambridge University Press.

③ 安德森．学习、教学和评估的分类学［M］. 皮连生，译．上海：华东师范大学出版社，2008：36–54.

④ 蒲春红．大学英语课堂教学沉默现象分析及教学建议［J］. 南昌高专学报，2009，24（04）：120+138.

第二节　口语流利训练微技能

训前思考

1. What are the main problems that your students face in your oral class? 你的学生在英语口语课堂遇到的主要问题是什么？（可多选）

☐ Lack of confidence 缺乏自信心

☐ Showing no interests in topics or texts 对讨论的话题和文本不感兴趣

☐ Lack of the ability of language expression 欠缺一定的语言表达能力

☐ Others 其他

2. How do you solve these problems? 你在课堂上是如何解决这些问题的？（可多选）

☐ By praising and encouraging students more 更多地表扬、鼓励学生

☐ By not interrupting students when they are expressing their ideas 当学生表达的时候不打断他们

☐ By choosing proper contents and texts 选择适切的内容和文本

☐ By editing teaching materials properly 适当地改编教学材料

☐ By designing progressive questions 设计渐进式的问题

☐ Having no ideas 毫无头绪

☐ Others 其他

一、微技能

通过第一节的相关梳理与研究发现，教师在英语课堂教学中须通过适切的反馈帮助学生建立口语交际的自信，肢体语言、赞扬、互动、具有技巧性的纠错四个方面是教师建立适切反馈的突破口。针对话题与文本的选择不当影响学生口语流利性这一问题，教师可以对教材进行“二度开发”，将

教材内容与学生需求、课标要求、学情实际进行“匹配”，使教材由传统的“规范”和“控制”转向“服务”，即服务于教与学[①]，将学生作为主体性因素进行口语教学活动[②]。针对课堂问题设计不当这一问题，则可以从课堂提问框架的角度寻求适合学生知识认知属性的“问题”。基于以上研究，本文提出了三种英语课堂教学中用于改善学生口语流利性的微技能，即“1F 原则”“2T 原则”和“3Q 原则”。在这一节中，将对三种微技能进行具体阐述，并通过教学案例进行演绎和说明。

图 2–1 口语流利训练微技能

（一）1F 原则：适切反馈，建立自信

1F 原则中的“F”是 feedback 的缩写，意指为了帮助学生建立自信而进行的适切“反馈”（feedback for confidence）。一旦丧失了口语的积极性和自信心，口语的流利性和准确性就无从谈起，[③] 而适切反馈则可以帮助学生建立更多的自信心。研究界已达成共识，反馈是所有知识学习和技能形成必不可少的条件。美国学者特罗布里奇曾说：“没有反馈，学习者就不会在语言发展上有进步。”教师适切的课堂反馈具有引导、促进、沟通、激励等作用。[④] 当然，反馈应丰富化[⑤]，可以通过“积极正面评价”的方式予以表达，即“积极的肢体动作”“正面的口头表扬”，也可以通过“适时有效介入”的方式予以表达，即“深入的交流互动”“延后的介入纠错”。可扫描二维码观看相关视频。

① 俞红珍. 重新定位英语教材的功能［J］. 中小学英语教学与研究，2004（12）：12–14.
② 张菁. 初中低年级英语教材二度开发的实践研究［D］. 上海：华东师范大学，2006：10.
③ 程力，崔敏. 浅谈初中英语口语兴趣教学［J］. 中小学教师培训，2005（09）：51–52.
④ 顾海燕. 初中英语教学中课堂评价的应用及意义探究［J］. 中学生英语，2014（26）：93.
⑤ 孙道萍. 改进英语教师的课堂反馈话语［J］. 长江工程职业技术学院学报，2006（03）：73–75.

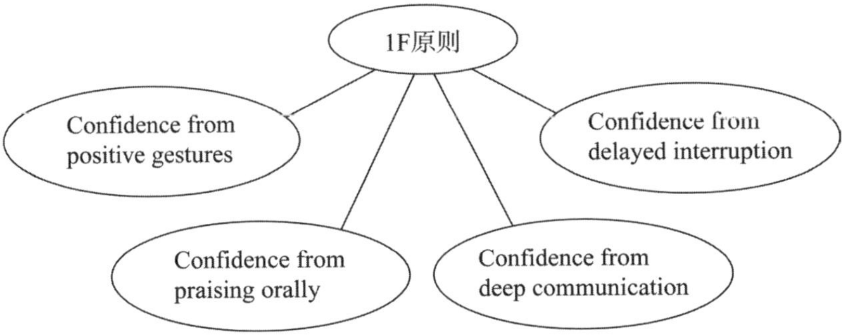

图 2–2　1F 原则

其一，“积极的肢体动作”（confidence from positive gestures）是指教师对学生的回答及表现表示肯定，可以拍手鼓掌，可以点点头，可以竖起大拇指，可以给予鼓励的眼神，还可以微微一笑，这些都是对学生学习成果的一种反馈，同时学生也会受到鼓舞，[①] 让学生感受到积极的、肯定的回应与尊重。

其二，“正面的口头表扬”（confidence from praising orally）是指教师能在课堂上灵活地运用口头表扬的反馈评价给课堂带来活力，让学生始终带着愉悦的心情参与课堂讨论。教育学家苏霍姆林斯基说：“教师如果不想方设法使学生产生情绪高昂和智力振奋的内心状态，而只是不动感情的脑力劳动，就会带来疲倦。没有欢欣鼓舞的心情，学习就会成为学生沉重的负担。”[②] 教师在课堂上正面的口头表扬是能够使学生情绪高昂和智力振奋的最直接的方式。也正如教育家第斯多惠所说：“教学艺术的本质不在于传授的本质，而在激励、唤醒和鼓舞。”当然，这些口头上的激励、唤醒和鼓舞不只是“Good”，还有“Great”“Wonderful”等多样化的评价语言，[③] 甚至是更为具体的表扬，如“你的想象力真丰富！”“你的观点逻辑很清晰！”“你能代表小组发言真是勇敢！”

其三，“适时有效介入”（confidence from deep communication）是指教师可以通过与学生进行深入的交流和互动给予学生适切的反馈，既

① 顾海燕 . 初中英语教学中课堂评价的应用及意义探究［J］. 中学生英语，2014（26）：93.
② B. A. 苏霍姆林斯基 . 给教师的建议［M］. 杜殿坤，编译 . 北京：教育科学出版社，2000：38.
③ 顾海燕 . 初中英语教学中课堂评价的应用及意义探究［J］. 中学生英语，2014（26）：93.

可以对学生所表达的内容进行深入提问，引发学生继续表达的欲望，也可以对学生的表达内容进行总结或提出自己的想法，让学生感受到教师的认真聆听和亲切呼应。Picartal 提出："互动是指两个或者两个以上的参与者之间彼此交流思想感情。参与者之间必须有信息沟，必须有交流的需求，必须有统一的交流目的，这样互动才会发生。"[1] 德国在对外语教材的二度开发中尤其注意"师生互动"这一点，会在教材开发中有意识地加入很多师生交流的主题和共同讨论的内容，强调师生互动的重要性。[2] 初中英语新课程标准中指出："教师只有通过与学习者的互动，为学习者提供学习机会和学习经验，由此来创造有利于建构个人意义的学习环境和氛围。"这里的互动也就意味着教师与学生之间要有更多更为深入的交流。

其四，"延后的介入纠错"（confidence from delayed interruption）是指学生发言时，教师在给予反馈的同时要延后纠错，否则很容易因为纠错而打断学生。如果教师因急于纠错而打断学生，一方面会影响学生的表达思路，破坏其思维的连续性，另一方面会让学生失去主动表达的热情，有碍于培养学生语言的主动输出习惯，[3] 久而久之学生便不愿意在课堂上进行口语交际。研究表明，初中生尤其是低年级学生一旦遇到感兴趣的情景，会"滔滔不绝"起来，过程中难免犯一些错误，教师要善于保护学生说英语的勇气，[4] 不要挫伤学生的积极性，要让学生更多地体验成功的喜悦而非失败的落寞。

案例一："积极的肢体动作"与"正面的口头表扬"教学片段

（材料文本）

T: I used to smoke. I don't smoke any longer. Now I do a lot of exercise. Children, what bad habits did you have?

---

① Picartal. (1993).Choosing and Using Communicative Tasks for Second Language Instruction. *Crooks and Cass*.

② 张菁 . 初中低年级英语教材二度开发的实践研究［D］. 上海：华东师范大学，2006：8.

③ 魏可诗 . 初中英语口语教学活动的组织与实施［J］. 教育实践与研究，2014（02）：50-52.

④ 张菁 . 初中低年级英语教材二度开发的实践研究［D］. 上海：华东师范大学，2006：29.

S1: I used to watch a lot of TV. I don't watch too much TV any longer. Now I study hard.

S2: I had a bad habit, too. I used to drink a lot of soft drinks. I don't drink too many soft drinks any longer. Now I drink a lot of water.

S3: I used to go to bed late. I don't go to bed late any longer. Now I go to bed early.

(Write, ask and answer)

Make a list of your bad habits in the past. Then ask a classmate about the bad habits he/she used to have and tell him/her what your bad habits were.

选自《牛津英语》(上海版) 7A U8 Growing healthy, growing strong

1. 课堂活动设计

Step 1：当学生以小组的形式操练展示时，A 同学面露难色，吞吞吐吐。教师微笑着安慰 A 同学："Never mind. Take it easy." 并边说边走到他旁边，轻轻用手拍拍 A 同学的肩膀。

Step 2：当 A 同学慢慢地终于挤出一句话时，教师微笑着投以肯定的目光，并频频点头鼓励。

Step 3：A 同学完成操练的时候，教师开心地表扬："Excellent! You are so brave." 并带领大家一起拍手表扬 A 同学："Let's give him some claps."

2. 设计说明

每个班级都存在不同层次的学生，教师这一系列反应的目的都是在鼓励不同层次的学生多用英语交流。教师可以在学生比较紧张、话不成句的时候，通过积极的肢体动作，比如点头、微笑、轻拍肩膀安抚等来鼓励学生。在学生勇敢地完成交流的时候，教师也可以通过正面的口头表扬，比如 "Good!" "Brave!" "You are a brave boy!" "I like your idea."，等等，来表示对学生的赞许。

案例二："深入的交流互动"与"延后的介入纠错"教学片段

(材料文本)

(Listen and say)

Mr. Hu is asking his students what they can learn from their classmates.

T: We're going to vote for model students. Who do you think is a model student? What can we learn from him or her?

S1: Peter is a model student. Although Peter is busy, he always helps his classmates.

S2: Kitty is a model student. Although Maths is difficult for Kitty, she never gives it up.

S3: Jill is a model student. Although Jill lives far away from school, she is never late for class.

选自《牛津英语》(上海版)7B U5 Model students

1. 课堂活动设计

S: I think the model student is Dracula.

T: Why do you think he is Dracula?

S: Because although he always gets good marks, he never stops studying hard.

T: Wow, how hard-working he is!

S: Yes, I think so.

T: Which subject is he best at?

S: Maths. He likes doing different kinds of maths exercises.

T: So we should learn from him. Do you think so?

S: Yes, of course.

Step 1：B 同学在小组对话操练交流时出现了一处错误："Although he is poor at drawing, but he never gives it up." 教师并没有立即纠正。

Step 2：当整个小组完成对话操练后，教师让 B 同学再次复述一下她的句子，并告诉她存在错误，帮助 B 同学检查自己的问题并改正问题。

Step 3：当 B 同学重新说了一遍正确的句子时，教师口头表扬了她，并带领大家一起为她鼓掌。

2. 设计说明

片段一：学生表达自己的想法和观点时，教师要进行深入的提问，比如"Why do you think he is Dracula?" "Which subject is he best at?" "Do you think so?” 以挖掘学生观点背后的内容或原因，为学生在日后善于表达自己的想法埋下铺垫。另一方面学生会认为自己说的内容得到了老师的聆听和关注，会更加喜欢表达。

片段二：教师在学生表达的过程中，发现了学生的错误，但是并没有急于打断，而是等学生把想说的都完整地说完后，再让学生自行进行纠正。这样一来，学生在表达的过程中完整的思路不会被打断，反而先受到了肯定，会大大增加学生想要表达的欲望。

（二）2T 原则：调适话题，调整文本

2T 原则中的两个“T”分别意指“topic”和“text”，也就是说，教师要调整并选择适切的话题（proper topic）、调整文本并让其适合学生的学情（proper text）。较早关注教师的课程参与问题的课程学者康奈利和本佩雷茨认为，教师在课程开发过程中的功能和角色应进行“重新思考”，并主张对“实施”的概念进行重新界定。“实施”意味着教师完全依附于被实施的事物，而“调适”意味着教师对教材的改变，使之适应教学环境和对象。虽然教材中每一单元、每一课时的话题是“已经确定”的，但教师在“立足课标具体要求”的基础上，调适话题的情境创设、话题的展开方式、话题的讨论角度，将“已经确定”的话题转化为适合学生学习、符合学生需求的教学材料。而对于书本中“已经确定”的“文本”，教师也可以根据学生的具体学情稍作调整，不单纯地“把文本教给学生”，而是根据需要有选择性地“使用文本教学生”。

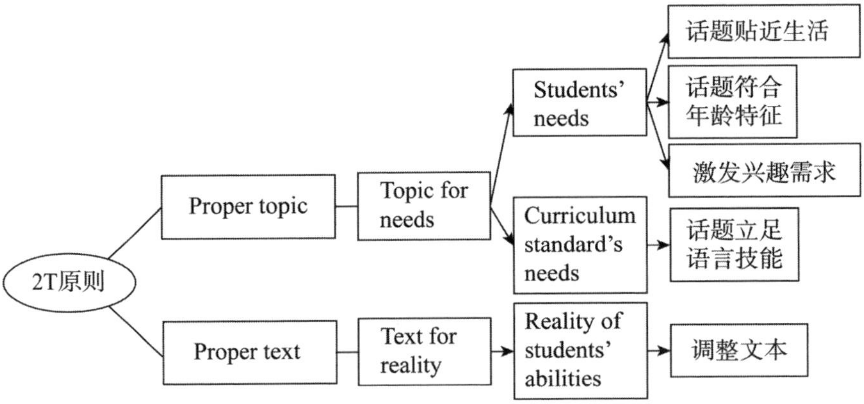

图 2–3　2T 原则

其一，根据需要调适话题（topic for needs）。无论调适话题的情境创设，还是调适话题的展开方式，抑或是调适话题的讨论角度，都有一个共同且必要的基础，那就是根据“需要”进行调适。这里的“需要”一方面是指话题要立足学生的需要，另一方面是指话题要顺应课标的需要。

首先，话题要立足学生的实际需求。国家课程改革专家组成员余文森曾指出：“从课程的角度讲，要把‘学生’的个人知识、直接经验、生活世界看成重要的课程资源。”学生是教学的主体对象，如果话题能够激活学生的个人知识、直接经验、生活世界等课程资源，那么课堂中的口语交际就有了“鲜活的生命”。因此，教师在对话题进行调适时，首先要立足学生的实际需求。这些实际需求包括学生的生活需求、年龄需求和兴趣需求，具体分析如下。

话题的情境创设要贴近学生生活。初中阶段的学生大多处于十一二岁到十四五岁之间，属于皮亚杰认知发展理论的形式运算阶段，他们不仅能从逻辑上考虑现实的情境，而且能考虑可能的“情境假设”的情境。① 基于这一特征，一旦教师对于话题的“情境创设”能够“生活化”，就很容易将学生带入特定的教学情境和真实的语言环境，将所学知识“自然而然”地变成语言技能，② 让学生有话可说，有话能说。

话题的展开方式要符合学生的身心特点。为了达到教材的“心理化”，现有的大部分教材在话题的编排上都会考虑学生的年龄特征、心理特征和认知发展水平。例如：牛津教材中关于 water 这一话题，对于六七年级的学生来说，只要对 water 有基本了解即可，如 sea water and rain water、three forms of water 等；而对于八九年级的学生来说，他们的认识就要上升到相对有深度的 water pollution、protecting water 上。当然，这是教材本身所含带的“心理化”，这里所说的“话题展开方式的心理化”主要聚焦在教师在某一话题下的“活动设计深度、层次、方法等”要与学生的年龄特征、心理特征和认知发展水平相匹配。例如，教师应注意低年级学生的思维发展是以具体形象思维为主，他们的注意力以无意注意为主，凭借事物的具体形

① 皮亚杰．发生认识论原理［M］．王宪钿，等译．北京：商务印书馆，1996：47.
② 陈亚芬．浅谈初中英语教材的创造性使用［J］．教学月刊（中学版），2005（02）：22-23.

象和表象进行联想和思维，[①] 而初中高年级学生的思维却渐渐呈现出归纳式特征，脑海中的图表框架意识也越发强烈，教师的话题展开方式要与此相符。

话题的讨论角度要能激发学生兴趣。心理学研究表明，认知与情感密不可分。苏联著名教育家赞科夫指出“教学法一旦触及学生的情知和意志领域，这种教学就能发挥高度有效的作用”，[②] 而教学法能深入学生情知和意志领域的前提是能激发学生的兴趣。初中阶段学生的心理特点表明，他们的学习兴趣具有很大的分化性和选择性。兴趣在初中学生的无意注意中具有巨大的作用，他们一旦对某种学科或活动感到有兴趣，就能长时间地、积极地从事这种学习和活动。[③] 因此，教师须对教材中相对固定的话题内容进行“讨论角度的调整”，也就是要避免太过生硬、呆板的讨论角度，挖掘能让学生开口讨论的“兴趣点”，并采用有趣味性的手段开展讨论，这样才能取得良好的口语教学效果。

其次，话题要顺应课标的具体要求。学者 Nuttall 的研究表明，虽然多次“复现”的话题内容有助于巩固所学知识，但话题内容的反复出现，会使学生感到厌倦，丧失学习积极性。[④] 因此，在牛津教材中，我们会发现如 job、travel、trees 等诸多“复现”的话题都在内容上根据学生的年段作了“心理化”的处理。而教师在处理这些“复现”的话题时，还需要结合英语课程标准中初中不同年段目标要求中的“口语知识点”，立足课标要求中明确提到或重点指出的针对不同年段学生的不同深度的口语语言技能进行强化训练。

其二，基于实际调整文本（text for reality）。这里的“实际”主要是指学生的具体学情，“文本”主要是指教材中涵盖的文字和图片内容等（包括所提供的对话、段落、操练模板、思考题、课后作业等一系列内容）。

---

① 张菁．初中低年级英语教材二度开发的实践研究［D］．上海：华东师范大学，2006：30.

② 赞科夫．教学与发展［M］．杜殿坤，等译．北京：文化教育出版社，1980：106.

③ 程力，崔敏．浅谈初中英语口语兴趣教学［J］．中小学教师培训，2005（09）：51-52.

④ Nuttall, C. (2002). *Teaching Reading Skills in a Foreign Language*. Shanghai: Shanghai Foreign Language Education Press.

在不影响学生掌握相关口语知识点的基础上，教师需要根据学生的学情实际对文本进行适当的“调整”，即删减、补充、替换、扩展等，让学生觉得“文本”的难度适切，从而保持良好的学习动机和表达欲望。可扫描二维码观看相关视频。

案例一：“话题的情境创设要贴近学生生活”教学片段

（材料文本）

（Look and read）

T: Garden City is a crowded city. Over six million people live in Garden City. Most of them are Chinese. Many people from other countries live in Garden City, too. For example, there are more than twenty-eight thousand people from Canada in Garden City. There are also people from the USA, Australia, Japan, the UK and India in Garden City.

S: What do we call people from Canada?

T: We call them Canadians.

（Read, ask and answer）

People in Garden City		
Country	People	Number
Canada	Canadian(s)	28,940
the USA/America	American(s)	27,700
the UK/Britain	British	25,500
India	Indian(s)	20,950
Australia	Australian(s)	20,210
Japan	Japanese	19,010

S1: What do we call people from ________?

S2: We call them ________.

S1: How many ________ live in Garden City?

S2: More than ________.

选自《牛津英语》（上海版）7A U3 Foreigners in Garden City

1. 课堂活动设计

Step 1: Tell Ss that we need some volunteers for International Culture Week of our school next week. They are needed to learn to show basic cultural background of different countries in Shanghai. Today's class is for different population first.

Step 2: Show Ss the number of foreigners in Shanghai in a table (the number of foreigners should be looked up in advance). Teach Ss the ways of expression: "country", "people" and "number" by using sentence patterns below:

—What do we call people from ______(country)?

—We call them ________(people).

—How many ________(people) live in Garden City?

—More than ________(number).

Step 3: Tell Ss that Garden City is also a crowded city like Shanghai. Mr. Hu is introducing the population for his Ss. Lead Ss to learn the text in detail.

Step 4: Tell Ss Mr. Hu also wants his Ss to be volunteers for International Culture Week of his school. Show Ss the table of people in Garden City. Make them be models for Mr. Hu's Ss. Have a try to design a dialogue to act as volunteers and guests for population introduction of International Culture Week .

For example:

G: Hello, Can you tell me the number of people from ________(country)?

V: Yes, of course! Welcome here! There are more than ________(number) ________(people).

G: What about ________(people)?

V: Over ________(number).

...

2. 设计说明

本活动的目的在于创设贴近学生生活的话题情境。首先以学校即将举办的"国际文化周"为情境，让学生觉得话题的讨论与他们关系密切，避免了直接以 Garden City 这一虚拟城市为背景，而致使学生感到话题的讨论脱离了生活。

接着，教师以“上海的外籍人口数”为教学材料，教授相关的国家、国籍、人口数量的表达方式和问答方式，既与学校“国际文化周”中介绍上海的外籍人口数量这一内容相契合，又让学生因生活在上海而在了解上海的外籍人口情况的过程中增进对话题的亲切感与密切感。当学生已经完全融入话题后，教师再以同样外籍人口数众多的 Garden City 为阅读材料引入，减少材料初见的突兀感。

最后，教师设置了小任务：来自 Garden City 的胡老师的学校也会举办“国际文化周”，他也想让他的学生作为志愿者介绍外籍人口的情况，你们可否为胡老师的学生设计他们在学校“国际文化周”上介绍外籍人口的模拟情景对话。这样既让学生体会到接受“重任”的自豪感，时刻不脱离话题，又让他们在设计与操练中巩固了对外籍人口情况介绍的方式，感受到为担任学校的“国际文化周”志愿者做好准备的满足感。

纵观整个话题情境，紧紧围绕学校“国际文化周”设置，学生在参与的过程中会因话题贴近他们的生活、与他们关系紧密而有话“可以”说，也有话“愿意”说。

案例二：“话题的展开方式要符合学生的身心特点”教学片段（一）

（材料文本）

（Read, write and say）

Kitty has made a list. She wants to know some things about her penfriend. Tick the things you want to know about your penfriend. With a classmate, ask and answer questions.

Penfriend's		Kitty wants to know	You want to know
Sex	M	√	
	F		
Age		√	
Nationality		√	

（续表）

Penfriend's	Kitty wants to know	You want to know
School	√	
Interests	√	
Favourite food/drinks		
Favourite subjects	√	
Family members	√	
Pet	√	

S1: What would Kitty like to know about her penfriend?

S2: She'd like to know his ________.

S1: What would you like to know about your penfriend?

S2: I'd like to know his/her ________.

选自《牛津英语》(上海版) 7A U3 Penfriends from different countries

1. 课堂活动设计

Step 1: Make Ss introduce the penfriend that Kitty wants to have according to the table given by practising the sentence patterns below:

S1: Would Kitty like to write to a boy or a girl?

S2: She would like to write to ________.

S1: What would Kitty like to know about her penfriend?

S2: She'd like to know his ________.

Step 2: Guide Ss to make a "penfriend-information card". List the things that they want to know and give reasons. Then give an introduction in groups.

Penfriend's		reason
Sex	M	
	F	

（续表）

Penfriend's		reason

2. 设计说明

本活动在运用教材文本材料操练相关句型的基础上，引导学生设计“制作笔友信息卡”的活动。一方面，结合七年级学生（初中低年级）的思维感性化特征，让学生根据自己的喜好列举出想要了解的笔友信息并给出基于这些感性化喜好的相关理由；另一方面，相较于初中高年级学生归纳式（系统化）的特征，七年级学生（初中低年级）的思维特征还是以演绎式（发散式）为主，因此在活动的设计上，教师只让其“列举”，即“想到什么写什么”，并未让其从整体上对想要了解的笔友信息进行系统性的分类。如 age、nationality、interests 等都属于 self basic information，而 family members 属于 family basic information，school、grade 等都属于 school basic information。对于这些零散的信息进行分类和系统化的整理对于低年级学生来说有些难度。因此，对于初中低年级学生而言，话题的展开方式（活动设计）必须符合其相应的身心特点。

案例三：“话题的展开方式要符合学生的身心特点”教学片段（二）

（材料文本）

（Speak up）

Introduce one of your friends to the class. Use the facts about him or her. The notes below will help you.

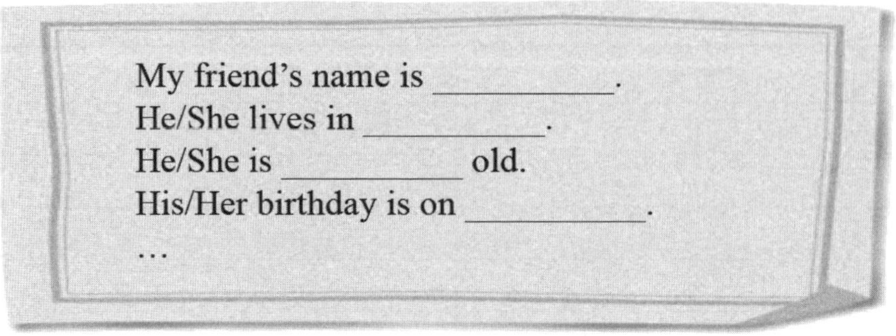
My friend's name is ________.
He/She lives in ________.
He/She is ________ old.
His/Her birthday is on ________.
...

选自《牛津英语》（上海版）8A U1 Penfriends

1. 课堂活动设计

Step 1: Lead Ss to make a "friend-introduction card". List different categories that they want to introduce about one of their friends.

Step 2: Lead Ss to list the exact contents from the aspects of different categories on the "friend-introduction card".

Step 3: Make Ss write down some related notes that can help introduction.

Step 4: Make a specific introduction according to the card.

Different categories	Exact contents	Related notes
Self basic information	name, age, birth date, height, hair colour, hobbies ...	Betty, 14 ...
Family information	where he/she lives, house style, family members ...	
School information	school's name, grade, teachers, subjects ...	
Several Experiences	...	
...	...	...

2. 设计说明

本活动结合教材 penfriends 单元中 speak up 的相关要求设计了"制作

朋友信息卡”的活动，相较于七年级（初中低年级）“笔友信息卡”中的“碎片化列举”，八年级（初中高年级）的活动设计更贴近该年龄段学生思维中逐渐显现的归纳式（系统化）特征。本着先分类再细化的原则，由面（Different categories）到线（Exact contents），再由线（Exact contents）到点（Related notes），围绕话题逐一展开。学生的思考不再停留在“想到什么写什么”，而是伴随着自己的思维特征，在归纳中分类，在系统化中呈现逻辑的聚焦性与完整性。因此，同样关于 friends 这一话题，对于初中高年级学生而言，话题的展开方式（活动设计）必须符合其相应的身心特点。

案例四：“话题的讨论角度要能激发学生兴趣”教学片段

（材料文本）

（Look, think and say）

Look at the picture. Is everything in the right place? Discuss in pairs.

S1: Where did the removal men put the ________?

S2: They put it

near ...
next to ...
on ...
in front of ...
opposite ...
between ... and ...

S1: Is that right or wrong?

S2: That's right/wrong.

选自《牛津英语》(上海版)7A U5 On a removal day

1. 课堂活动设计

Step 1: Make Ss discuss in pairs whether everything is in the right place according to the dialogue between Mrs Li and the removal man David.

Step 2: Tell Ss that they can have a chance to adjust the location of the furniture or add some other furniture according to Mrs Li's family background. Each group draws one "recreating picture" on the basis of deep discussion.

Step 3: Each group introduces the "recreating picture" in the presence of the whole class and ready to be asked for adjusting reasons.

Step 4: Lead Ss to vote for the best "recreating picture".

2. 设计说明

Step 1 是教材中对话题操练的基本处理，即通过让学生比对 Mrs Li 与 David 的对话以及设计图中的家具位置，熟悉并操练介词的表达。这是检验学生对设计图的"判断"。但是，如果话题的讨论仅停留在"判断"层面，学生会觉得有些生硬和无聊，"判断"层面并没有调动学生的创造能动性，容易使他们对话题的讨论不感兴趣。

因此，本活动的设计是将话题的讨论角度加以调整并予以深入，将单一的"判断"角度深化成能调动学生能动性的"改造"角度，让学生考虑家具放置得是否合理、是否有必要添置其他家具，且这些考虑必须是以 Mrs Li 一家的具体情况为背景。最终，由学生自己投票选出最佳的小组"改造图"。由此，学生对于话题的讨论兴趣倍增。

案例五："话题要顺应课标的具体要求"教学片段

片段一(六年级):

(材料文本)

(discuss and write)

With your classmates, plan a trip to a place in Shanghai. Discuss the questions below, and then complete your trip plan.

- Which place shall we visit?
- When shall we go there?
- How are we going to get there?
- How much does it cost?
- When are we going to come back?

选自《牛津英语》(上海版)6A U3 Planning a visit

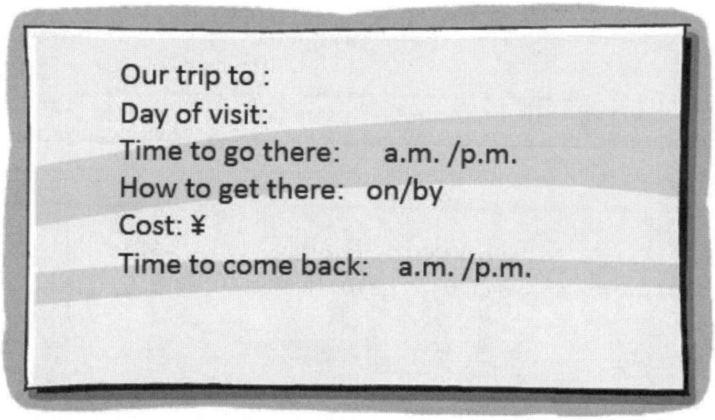

1.1 课堂活动设计

Step 1: Make Ss plan a trip in groups by practicing the sentence patterns:

—Which place shall we visit?

—When shall we go there?

—How are we going to get there?

—How much does it cost?

—When are we going to come back?

Step 2: Guide Ss to complete the “group trip plan” above and introduce it in the presence of the whole class.

片段二(七年级):

(材料文本)

(listen and say)

Kitty and her classmates have just been to Shanghai. They have decided to take part in a competition.

Kitty: Where can tourists go in Shanghai?

S1: They can go to People's Square. They can see the beautiful fountains and pigeons.

S2: They can go to Yu Garden. They can eat different local snacks.

S3: They can go to Nanjing Road. They can buy things in large department stores.

选自《牛津英语》(上海版) 7B U1 Tour suggestions

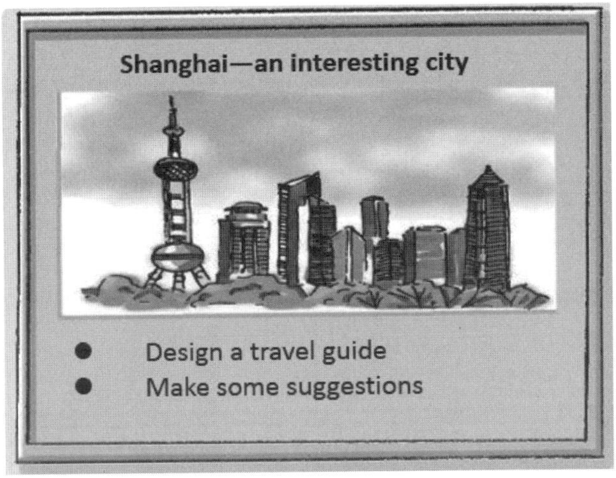

1.2 课堂活动设计

Step 1: Lead Ss to listen and tell why Kitty and her classmates chose to go to People's Square, Yu Garden and Nanjing Road (They can ...).

Step 2: Let Ss give more reasons for visiting People's Square, Yu Garden and Nanjing Road according to their own travel background in Shanghai in the table below.

Step 3: Guide Ss to help Kitty and her classmates design a "Travel guide leaflet in Shanghai " besides the three view spots they've been to in groups.

Place	reasons
People's Square	1. They can see the beautiful fountains and pigeons. 2. You can take many vivid photos there. 3. ...
Yu Garden	1. They can eat different local snacks. 2. You can see many special and beautiful temple-style buildings. 3. You can buy different kinds of craftwork there...
Nanjing Road	1. They can buy things in large department stores. 2. ... 3. ...

片段三（八年级）:

（材料文本）

（speak up）

Your family is planning to go abroad on holiday this year. Your parents ask you, 'Where would you like to go?'

Work in pairs. Discuss what you would like to do on holiday. Use the expressions and pictures below to help you. Then decide where you would like to go.

go sightseeing	see some real show	have some wonderful meals
go swimming	play lots of sports	visit friends and relatives
go shopping	rest and relax	visit amusement parks

• Tell the class your decision and give at least four reasons for your choice.

（e.g. we would like to go to Paris for our holiday because it is a beautiful city. We could do some sightseeing, and visit some famous places like the Eiffel Tower. We would also like to do some shopping. And we want to visit Uncle Yan. He has a restaurant in Paris and I'm looking forward to having some wonderful meals there!）

选自《牛津英语》（上海版）8B U5 A holiday plan

1.3 课堂活动设计

Step 1: Make Ss list what they would like to do on holiday. (References: the expressions and pictures given)

Step 2: Guide Ss to choose the suitable place and make their own decision according to the things that they would like to do.

Step 3: Lead Ss to make a "holiday plan". List some reasons in different categories.

Step 4: Organize Ss to hold a "holiday plan exchange show".

Example:

My holiday plan to visit Paris		
Different aims	spots there I will choose	Exact reasons
Do some sightseeing	the Eiffel Tower	Famous and beautiful
	...	...
For shopping		

（续表）

My holiday plan to visit Paris		
Different aims	spots there I will choose	Exact reasons
For delicious food	Uncle Yan	He has a restaurant and I can have some wonderful meals
...		

Blank:

My holiday plan to visit ________		
Different aims	spots there I will choose	Exact reasons
Do some sightseeing	the Eiffel Tower	Famous and beautiful
	...	...
For shopping		
For delicious food	Uncle Yan	He has a restaurant and I can have some wonderful meals
...		

2. 设计说明

以上三份设计皆基于 travel 这个主题，但由于分布在六、七、八三个不同年段，因此在设计过程中要紧密结合不同年段的相关要求和口语知识点，在话题角度和深度上有所区分，以顺应课标的具体要求，紧密结合单元话题的口语知识点。

六年级活动的话题角度是“设计一份 trip 计划”，其中仅包括 trip 的地点、到达时间、交通方式、相关花费、返回时间五项明确内容，目的是结合该年段的口语知识点，即运用特殊疑问词对 trip 的内容进行提问和回答的操练。

七年级的话题深度渐增，主要帮助学生操练口语知识点：“可以在……（地方）做……（什么事）（You/I can ...）”。因此，七年级活动的话题角度是“设计一份上海旅行指南小手册”，要求对文本中提到的人民广场、豫园、南京路三个旅游景点进行横向和纵向的拓展。横向上运用“You can ...（what）”让学生挖掘景点的观光内涵和意义，纵向上让学生对上海的旅游景点进行更广泛的挖掘。这样一来，既操练了口语知识点，又与该单元的单元话题“上海旅游”进行了对接。

而八年级的话题主要集中在学生对一份旅行计划内容的完整设计，包括旅行地点的理性选择（基于自己想做的事）、旅行目的的系统分类、旅行景点的选择（基于旅行目的）、选择的具体原因等方面，既结合八年级该单元话题的具体要求（能对某一旅游地点进行全方位介绍），又立足该年段相关的口语知识点（能运用所学的旅游类相关词组进行表达）。

案例六：“基于实际调整文本”教学片段

（材料文本）

（Discuss and write）

In groups, talk about your classmates' suggestions about the changes in your school.

S1: What changes would you like to see in our school?

S2: I'd like to ...

S3: It would be to ...

possible/impossible necessary/unnecessary nice/difficult

选自《牛津英语》（上海版）7B U8 Ideas about the future of our school

1. 课堂活动设计

Step 1: Make each S in groups finish a chart titled "Our future school is calling" to describe their own favourite school change that they would like to see in the future and give related reasons.

Our future school is calling

I'd like to ____________ ____________ ____________ ____________ ____________.	←	It would be _____ ____________. (adj.) e.g. possible/impossible necessary/unnecessary nice/difficult/wonderful/fantastic/excellent ...	←	Reason (s): ____________ ____________ ____________ ____________ ____________ ____________.

Step 2: Guide Ss to discuss in groups by practicing the sentence patterns given and finish the table below.

S1: What changes would you like to see in our school?

S2: I'd like to ...

It would be ... because ...

S3: I think so because ...

(I don't think so because ...)

Step 3: Lead each group to make a comprehensive presentation for members' opinions.

<table>
<tr><td colspan="3">Group opinions for ideas about future school</td></tr>
<tr><td>Member's name</td><td>ideas</td><td>Other members' opinions</td></tr>
<tr><td rowspan="2">Betty</td><td rowspan="2">It would be ... to ... because ...</td><td>Votes for: ______
Reason (s):</td></tr>
<tr><td>Votes against: ______
Reason (s):</td></tr>
</table>

（续表）

Group opinions for ideas about future school		
Member's name	ideas	Other members' opinions
According to members' ideas and votes, we think that ________________________________ ________________________________		

2. 设计说明

该话题主要涉及的口语知识点为描述类的形容词以及运用句型“It would be ... to ...”来表达想看到的未来学校的变化。本活动设计首先根据学情（学生的基础较好）对教材活动的文本进行了调整，设计了“Our future school is calling”的流程图。一方面鼓励学生扩大能用来表达观点的描述性形容词，另一方面将句型内容进行“增加”，补充了“because ...”，即引导学生建立观点描述性形容词与观点成立原因之间层层推理的逻辑关系，这无疑是对学生进行更深层次思维训练的一种方式。其次，该活动还增加了“生生互动”环节，通过观点的“相互点评”激发学生之间的“思维碰撞”。最后，该话题的讨论又增加设计了“小组观点整合表”，让学生根据观点的投票情况，学会信息搜集与观点整合。

（三）3Q 原则：渐进提问，凸显层次

3Q 原则中的三个“Q”分别指“questions for facts”（事实型问题）“questions for understanding”（理解型问题）以及“questions for application”（应用型问题）。也就是说，教师要设计进阶性问题（progressive questions design）。根据知识属性，可以将事实性知识和概念性知识统称为陈述性知识，陈述性知识是关于“是什么”的静态知识，可以通过记忆来获得；程序性知识是关于“怎么做”的知识，是对陈述性知识的进一步理解；元认知知识是关于认知的知识，是如何运用陈述性知识和程序性知识的“技能知识”，也就是能够进行具体实践运用的知识。[①] 知识属性是学生认知过程中呈现的固有特点，若能根据这一特点，设计与之对应的分层问题，那么学生对于英语课堂教学中的问题回答也就不会感觉那么困难了。这就好比根据学生的认知特点搭建了有效的渐进“支架”，帮助引导学生顺着“支架”慢慢往上爬。

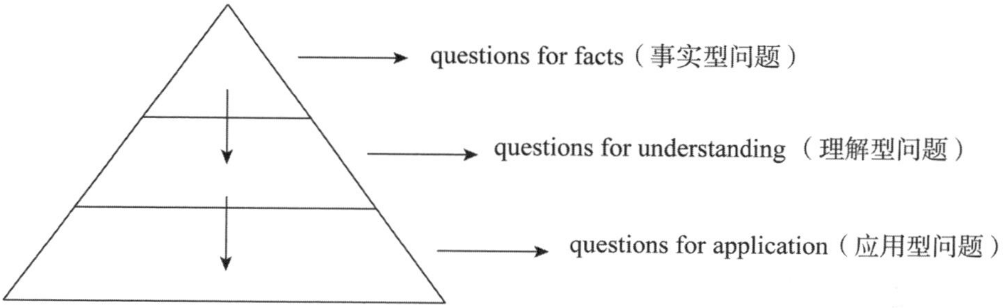

图 2–4　3Q 原则

其一，事实型问题（questions for facts）对应的是学生对于陈述性知识的认知反馈，是关于“事实”的提问，处于表面。有时，学生基于生活、学习、环境等背景，已经对这些知道型问题的答案有了知识储备，自然都能顺利作答；有时，经过教师在课堂教学中对于陈述性知识的输入后，学生将新知纳为已用，经教师提问后自然也能将认知的所学反馈出来。

其二，理解型问题（questions for understanding）则在知道型问题的基础上更进了一步，与知识属性中的程序性知识相对应，它不只要求学生知道“是什么”，更要求学生能够根据事实进行多角度的思考与理解。在理解型问题的提问引导过程中，教师需要让学生的思维进行发散，让学生的思考逐渐深入，在进一步理解所学内容的内在联系中自然地进行口语交际。

其三，应用型问题（questions for application）是指让学生学会结合实际情境，激发其元认知知识，运用“技能”进行具体实践。也就是说，对于有一定基础的学生或者对于已经能够回答知道型问题和理解型问题的学生，教师可以更进一步，即提一些应用型问题。可扫描二维码观看相关视频。

① 张燕，黄荣怀．教育目标分类学 2001 版对我国教学改革的启示［J］．中国电化教育，2005（07）：16–20.

案例：“进阶性问题设计”教学片段

（材料文本）

（Look and read）

Kitty, Peter and Jill want to see a film. They are reading a film guide and discussing which film to see.

Jill: I don’t like films about clowns. They’re stupid. What about ‘Police Story’? It’s an action film and it’s very exciting.

Peter: What is the film about?

Jill: It’s about policemen and robbers.

Kitty: I hate action films, but I like films about adventures. Let’s see ‘Space Wars’. It’s about the adventures of some astronauts in space.

Jill: I don’t like films about adventures.

Peter: Neither do I .

Kitty: Shall we see ‘Swan Lake’ then? It’s a cartoon. It’s a love story about a swan princess and a prince.

Peter: OK. Let’s see ‘Swan Lake’.

选自《牛津英语》（上海版）7B U2 Going to see a film

1. 课堂活动设计

Step 1: Let Ss match the films with their kinds.

Q1: What kind of film is it?

Step 2：Ask Ss to use the sentence patterns to make a dialogue.

Q2: I like ______. It’s ______. What about you?

Step 3：Encourage Ss to make a dialogue and decide the film for the weekend.

Q3: Which film shall we choose?

2. 设计说明

本活动的目的是用三个渐进式的问题帮助班级中不同层次的学生都有话可说。首先，教师给学生呈现了四部在课文中出现过的电影的图片，进而提出知道型问题：“What kind of film is it?” 让学生唤起记忆，在已有知识储备的基础上回答问题，进而确保人人都能回答教师提出的问题。接着，教师让学生选择一部电影，用"I like ______. It's ______. What about you?"的理解型问题来完成对话。让学生在知道型问题的基础上把已学的句子进行梳理，串成一段话。这样一来学生不仅可以知道这是一部什么类型的电影，还能在理解的基础上完成对话。最后教师重新展示最近新上映的六部电影，让学生以"Which film shall we choose?"的问题开头完成对本周末电影的选择。学生通过对最后一个应用型问题的理解和应用，把这节课需要操练的内容全部串联应用起来，从而达到让不同层次的学生都能有内容可说的目的。

Quiz 小测试

经过本章的学习，请独立完成以下测验题。

（1）What are positive ways of evaluation from teachers after students answer questions? 回答问题后，教师积极正面评价的方式有哪些？（可多选）

☐ Giving applause 鼓掌

☐ Nodding 点头示意

☐ Holding up thumb 竖起大拇指

☐ Giving positive eye contact 给予肯定的眼神

☐ Smiling 微笑

☐ Praising or encouraging them orally 口头表扬或鼓励他们

（2）How do teachers have deep interactions with students? 教师与学生进行深入交流互动的方式有哪些？（可多选）

☐ By asking deep questions based on what students express 对学生所表达的内容进行深入提问

☐ By summarizing what students express 对学生所表达的内容进行总结

☐ By raising teachers own ideas based on what students express 对学生所表达的内容提出自己的想法

☐ By thanking for students 感谢学生的回答

（3）What should teachers do to correct students' grammar mistakes? 学生在表达时犯语法错误，教师应该如何纠错？（可多选）

□ Teachers shouldn't correct students' mistakes until students finish expressing 当学生表达完再纠错

□ Teachers should correct students' mistakes as soon as they hear grammar mistakes 一听到语法错误就纠错

□ Teachers should correct students' mistakes when having interactions 和学生进行互动时纠错

（4）What should teachers do when adjusting topics? 教师在对话题进行"调适"时，要注意以下哪些方面？（可多选）

□ Teachers should create proper atmosphere that is related to students' life 话题的创设要贴近学生的生活需求

□ Teachers should design proper steps of discussion that can adapt to students' ages 话题的展开要符合学生年龄特征的需求

□ Teachers should change topics at random based on their own ideas 话题的内容可以根据自己的想法随意更改

□ Teachers should choose proper ways of discussion that can arouse students' interests 话题的讨论角度要能激发学生的兴趣

□ Teachers should practice language skills based on curriculum standard's needs 话题要立足课标的口语语言技能

（5）What should teachers do to texts when they adjust them? 教师"调整"文本时要注意以下哪些方面？（可多选）

□ Teachers should adjust texts based on reality of students' abilities 文本要根据学生的实际学情进行"调整"

□ Teachers can adjust the words or pictures that are involved in the materials 可以对教材中涵盖的文字和图片等一系列内容进行"调整"

□ Teachers should consider language skills based on curriculum standard's needs "调整"时要考虑到学生需掌握的口语知识点

□ Teachers can only add or delete but not substitute or extend "调整"只

能增减，不能是替换或扩展

（6）What is the proper order when teachers ask questions? 对于三种类型的问题，教师适切的提问顺序是什么？

☐ questions for facts 事实型问题—questions for application 应用型问题—questions for understanding 理解型问题

☐ questions for application 应用型问题—questions for understanding 理解型问题—questions for facts 事实型问题

☐ questions for understanding 理解型问题—questions for facts 事实型问题—questions for application 应用型问题

☐ questions for facts 事实型问题—questions for understanding 理解型问题—questions for application 应用型问题

第三节　综合运用

一、实战演练

任选牛津教材中某一单元里涉及 Speaking 的环节，设计一个口语活动片段（完成以下表格），要求必须涉及本章学习的口语流利训练中的至少一个教学微技能。

文本选自	
文本内容	

（续表）

设计步骤	
所用微技能	
设计说明	

1. 参考设计

<table>
<tr><td>文本选自</td><td>牛津教材 7B U6 About the seasons（Think, write and say）</td></tr>
<tr><td>文本内容</td><td>Think about the things you can find during each season. Write them down in the table. With a classmate, ask and answer questions, like this:
S1: What does ______(season) make you think of?
S2: ______ makes me think of ______.
It's awful/bad/nice/good/interesting/fun to ...
<table>
<tr><td colspan="2">The four seasons</td></tr>
<tr><td>Season</td><td>Things you think of</td></tr>
<tr><td>Spring</td><td></td></tr>
<tr><td>Summer</td><td></td></tr>
<tr><td>Autumn</td><td></td></tr>
<tr><td>Winter</td><td></td></tr>
</table>
</td></tr>
</table>

（续表）

<table>
<tr>
<td>设计步骤</td>
<td>
Step 1: Divide Ss into four groups. Guide them to make season ID cards which include ID name, characteristics (things you think of) and feelings just like the table given below. Explore as many as possible.
<table>
<tr><td colspan="2">(season) ________ ID</td></tr>
<tr><td>Characteristics (things you think of)</td><td>feelings</td></tr>
<tr><td></td><td></td></tr>
</table>
Step 2: Each group draws by lot to decide which season ID card they will make.
Step 3: Tell Ss that when they are making season ID card, they should discuss like this:
S1: What does ______ (season) make you think of ?
S2: ______ makes me think of ______.
It's awful/bad/nice/good/interesting/fun/fantastic/excellent/... to ...
What does ______ (season) make you think of ?
S1: ______ makes me think of ______.
It's awful/bad/nice/good/interesting/fun/fantastic/excellent/ ... to ...
What about S3 and S4?
S3: ______ makes me think of ______. It's ...
S4: ...
...
Step 4: Each group makes a presentation for their own season card.
</td>
</tr>
<tr>
<td>所用微技能</td>
<td>2T 原则：topic for needs（根据需要调适话题）中“话题的讨论角度要能激发学生兴趣”；text for reality（基于实际调整文本）。
3Q 原则。</td>
</tr>
</table>

（续表）

设计说明	教材中话题的讨论角度是“四个季节分别让你想到什么以及给你的感觉”且用对话活动的形式进行。将讨论角度进行了转变，从单纯的“操练讨论”转化成了“小组制作属于每个季节的身份卡”，挖掘季节的专属性特征以及这种特征给人的感觉。这样一来，季节被“拟人化”了，有了鲜活的生命，更能激发学生的讨论兴趣。 教材操练句型中提供的形容词有 awful、bad、nice、good、interesting、fun 六个，为了激发学生的发散性思维，引导学生用恰当的形容词描述感觉，对句型进行了文本上的调整，以 fantastic 和 excellent 抛砖引玉，让学生在讨论中通过相互碰撞拓展出更多描述性的词汇。 在完成该活动前，教授过程中的“What does ______（season）make you think of ?”属于知道型问题，“It's awful/bad/nice/good/interesting/fun to ...”属于理解型问题，因而在这一活动中，设计了应用型问题，即让学生基于制作 ID 卡这一任务的真实语境，在小组中就某一季节的特征和感觉展开讨论。在提供的句型模板中，从 S1、S2“围绕”重要句型讨论到 S3、S4“拓展”自由讨论，让学生掌握实践运用的技能。

2. 设计说明

实战演练旨在让教师通过对牛津教材中某一单元中 speaking 环节的设计，将口语流利性微技能加以运用。1F 原则、2T 原则、3Q 原则不一定都要同时用在这一 speaking 环节的设计中，可以根据教材内容进行适当选择与组合。此参考说明中所列出的案例及其相应的设计思路有多种，对于同一文本，口语流利性微技能的组合也有多种，以上所给的设计步骤和对应的微技能仅供参考。

拓展资源

在本节中，我们将提供一些关于口语流利训练的拓展阅读资料，这些资料从内容上来说，包括英语口语流利性定义与发展的相关解读、初中生口语学习策略的相关研究、初中口语课堂教学的理论探究与行动研究、初中教材的二度开发的实践研究等；从形式上来看，包括书籍、期刊、论文等。下面根据资源的形式进行分类，供读者自主查阅与学习参考。

（一）相关推荐书籍

［1］Scott Thornbury. (2005). *How to teach speaking*. England: Pearson Education ESL.

［2］Nick Bibrough.(2009). *Exploring spoken interaction in the language class*. Beijing:Foreign Language Teaching and Research Press, Cambridge University Press.

［3］余国良，范海洋．英语口语教学活动设计［M］．北京：外语教学与研究出版社，2016.

（二）相关推荐期刊和论文

［1］蒋亚真．对话式评价在初中英语口语教学中的应用［J］．教学与管理，2016（01）：43–45.

［2］赖文斌，温湘频．初中英语口语教学中的情境创设［J］．教学与管理，2010（16）：64–65.

［3］刘海量，于万锁．交际能力与口语教学［J］．外语与外语教学，1998（08）：35–37+56.

［4］罗颖．利用语料库分析中学英语课堂提问技巧［J］．国外外语教学，1999（04）：26–31.

［5］王惠昭．以学生为中心的主题教学模式与交际能力培养［J］．外语与外语教学，2001（04）：36–38.

［6］王立非，周丹丹．我国英语口语研究 12 年：回顾与现状［J］．外语界，2004（06）：7–14.

［7］文秋芳．口语教学与思维能力的培养［J］．国外外语教学，1999（02）：1–4.

［8］吴丁娥．外语教学与外语习得中的“输入”及“情感障碍”［J］．外语与外语教学，2000（06）：41–43.

［9］姚宝梁．预制语块与中学英语口语教学［J］．课程．教材．教法，2004（04）：33–38.

［10］姚小华．初中英语课堂教师提问对学生口语输出的影响研究［J］．中学生英语（初中版），2014（17）：6.

［11］尹照群．初中英语生活化教学的实现途径与方法［J］．当代教育实践与教学研究，2015（04）：48.

［12］尤永干．谈初中英语口语有效教学［J］．学周刊，2011（07）：48-49.

［13］张文忠，吴旭东．第二语言口语流利性发展定量研究［J］．现代外语，2001（04）：342-351+341.

［14］张文忠．第二语言口语流利性发展的定性研究［J］．现代外语，2000（03）：274-282+273.

［15］郭艳敏．初中英语课堂教师提问对学生口语输出的影响研究［D］．临汾：山西师范大学，2013.

［16］向勤．初中英语口语互动教学研究［D］．上海：华东师范大学，2010.

［17］刘静静．初中英语口语教学的行动研究［D］．上海：上海师范大学，2013.

［18］邢界霞．激励性评价对初中生英语课堂话语输出的影响［D］．曲阜：曲阜师范大学，2015.

［19］胡子燕．情感因素在初中英语口语能力培养中的研究与应用［D］．上海：上海师范大学，2009.

［20］唐磊．语境教学在初中英语口语教学中的实证研究［D］．上海：上海师范大学，2017.

［21］朱倩芸．英语教材课文选材话题研究——以上海版初中牛津英语教材为例［D］．上海：上海师范大学，2017.

第三章

连续性文本阅读

Narrative reading

连续性文本阅读是相对非连续性文本而言的阅读文本，包含报纸、杂志、教科书、论文、诗歌、小故事、日记、摘要、评论等阅读文本体裁。本章主要介绍并演绎初中英语阅读教学中常见的三种阅读微技能，即预测事实、概括主旨大意、猜测词义。通过本章的学习，希望教师可以学会三种阅读微技能的指导方法，并能灵活运用，举一反三。

第一节 连续性文本阅读

一、背景

在世界范围内，推动全面阅读，尤其是青少年阅读，一直是很多国家高度重视的一项工作。在西方国家，阅读早已成为教育领域重点研究的课题。在我国，发展儿童和青少年的阅读能力、培养他们的阅读兴趣和阅读习惯也已经成为全社会的共识。英语阅读对发展学生的学科核心素养的关键作用愈加凸显。阅读对于提升中小学生的英语语言能力、发展思维品质、塑造良好的文化品格、促进学习能力的全面发展等都具有举足轻重的作用。

连续性文本阅读（narrative reading）是常见的阅读文本。提升学生连续性文本的阅读能力是提高学生英语阅读理解能力的重要内容与途径。阅读理解能力是语言学习者和使用者作为读者阅读并处理书面材料时，运用各种知识（包括语言知识和非语言知识）和策略，围绕所读材料建构意义的能力，包括识别与提取书面信息的能力、概括与分析书面信息的能力、批判与评价书面信息的能力。

《义务教育英语课程标准（2017年版）》（以下简称《课程标准》）中对初中学生的阅读理解能力的要求如下：（1）能根据上下文和构词法推断、理解生词的含义；（2）能理解段落中各句子之间的逻辑关系；（3）能找出文章中的主题，理解故事的情节，预测故事情节的发展和可能的结局；（4）能读懂常见体裁的阅读材料；（5）能根据不同的阅读目的运用简单的阅读策略获取信息；（6）能利用字典等工具书进行学习；（7）除教材外，课外阅读量应累计达到15万词以上。

《上海市初中英语学科教学基本要求》（以下简称《基本要求》）中要求学生在连续性文本学习中，主要学习记叙文、说明文、议论文和应用文的基本信息，把握记叙文的基本要素，判断常用说明文的说明方法，找出议论文的论点和论据，掌握常见应用文的文本格式并能识别其语言特征，结合词汇、词法、句法等学习内容理解语篇的含义，概括文章主旨大意、段落大意，分析关键词句并推断其隐含意义。对每种文本阅读的具体要求如下。

在记叙文阅读中，要求学生把握记叙文的基本信息，如时间、地点、人物、事件等；熟悉记叙文的基本结构，理解事件的起因、过程和结果；把握记叙文的主旨大意和段落大意；通过上下文推断关键词句的意思。在记叙文的阅读中，要求学生找出一些与语篇的主旨大意、重要信息等高度相关的词汇或句子，这些词句往往包含深层意思，反映作者的情感、态度或思想等，要求学生能通过上下文进行推测并理解。

在说明文阅读中，要求学生把握说明文的基本信息，判断常用的举例、分类、比较、下定义、列数字等各种说明方法。

在议论文阅读中，要求学生把握议论文的基本信息，找出作者如何对某个问题或某件事进行分析、评论，以及作者所表达的自己的观点、立场、态度和看法。

在应用文阅读中，则要求学生在把握基本信息的同时，掌握应用文的基本格式及识别应用文的特定语言特征，如书信、明信片、海报等。

在连续性文本的阅读中，要求初中学生在阅读前，能思考自己了解多少与主题相关的知识。在阅读中，能通过浏览文章，了解文章的长度及结构等特点，并规划阅读过程。能通过比较、对比等方法分析文章的主要观点，通过提炼提纲、梳理或记忆阅读内容、适时概括已读过的内容等方式加深对文章的理解。在文本中，对于生词，能通过分析构词法来帮助理解词义；能利用阅读材料中提供的定义、举例、重复、同义词、反义词等信息，猜测生词词义；能根据词汇的语法功能，如主、谓、宾等推测词性或词义。通过判断句子的交际功能，如请求、拒绝、命令等，理解材料的内容。通过阅读材料体裁，推断作者意图，如广告用于宣传，说明文用于介绍。能边读边根据已读内容预测下文，通过关注阅读材料中的重复信息来判断内容的重点。并采用略读、寻读、跳读等不同的阅读技巧，找出文章中的重要信息，理清句子之间的关系从而理解材料中的观点。能迅速找到与自己阅读目的相关的信息。在阅读时，能始终知道自己的阅读目的，清楚自己正在使用的阅读方法，并能根据理解效果进行相应调整。能通过分析文章的写作手法，如对比与对照等，帮助理解。在阅读结束后，能通过提炼主题词，检查自己对文章的理解程度。

在连续性文本阅读教学中，英语阅读作为语言技能的重要组成部分和语言输出的主要环节，占有重要地位，阅读课的教学也是英语教学中培养学生阅读能力的关键一环。教师可以通过一系列阅读前的活动，激活学生的背景知识，引导学生参与、体验英语阅读的快乐，激发学生阅读的兴趣。

二、分类及功能

《课程标准》中将语言技能列为促进综合语言运用能力形成的五个方面之一。阅读技能与听、说、写三种技能一起构成了英语学习的四种语言技能。初中毕业应达到的五级目标对阅读技能（reading skills）的描述一共有七条：

（1）能根据上下文和构词法推断、理解生词的含义；

（2）能理解段落中各句子之间的逻辑关系；

（3）能找出文章中的主题，理解故事的情节，预测故事情节的发展和可能的结局；

（4）能读懂常见体裁的阅读材料；

（5）能根据不同的阅读目的运用简单的阅读策略获取信息；

（6）能利用字典等工具书进行学习；

（7）除教材外，课外阅读量应累计达到15万词以上。

这七条阅读技能涉及的微技能 (reading sub-skills) 有：（1）略读 (skimming)；（2）寻读 (scanning)；（3）预测下文 (predicting)；（4）理解大意 (main ideas)；（5）猜测词义 (guessing)；（6）条理判断 (reasoning)；（7）细读（close reading）（8）了解重点细节 (major details)；（9）理解文章结构 (structure)；（10）理解图表信息 (table/figures)；（11）理解逻辑关系 (logic) ；（12）理解作者意图 (author’s tone)；（13）根据事实推理（inference）；等等。

（一）略读

略读是一种非常实用的快速阅读技能。所谓略读，指快速阅读文章以了解其内容大意。换句话说，略读要求读者有选择地进行阅读，可跳过某些细节，以求抓住文章的大概内容。略读主要是把文章粗略地浏览后，看看文章中是否有自己解题所需要的信息，然后了解这篇文章的题材和体裁，以便运用相应的阅读方法。

（二）寻读

寻读是查找主要信息的一种技能。寻读是以最快的速度扫视所读材料，在找到所需信息时才仔细阅读该项内容。如查找某个人名、地名、时间、地点等，也即在寻找特定信息、寻找具体事实、寻找答题所需要的内容时都用这种方法。进行寻读时，只需要根据要查找的信息在文章的相关部分进行寻读。这种技能对于快速查找、读取主要信息很有帮助。

（三）预测下文

预测可以激活读者关于话题的背景图式，帮助读者做好阅读的准备，让读者更加主动地参与阅读过程。读者在不断展开新的预测和对旧的预测进行修正的过程中能够一直保持对阅读的专注和热情，并且预测还可以帮助读者分享推理过程，把理解文章的主动权交给读者。

在实际课堂阅读教学中，通过文章的题目、标题、数字、图片等获得细读之前的一些信息，然后利用这些信息来预测文章中故事情节的来龙去脉和结果，及作者的写作方法、目的、态度等。还可以通过推测单词的含义、因果关系、故事情节等来引导学生学会根据上下文进行猜测。预测的作用有：（1）加快阅读速度；（2）降低阅读难度；（3）增加阅读欲望，提高阅读兴趣；（4）快速捕捉所需要的信息。

（四）理解大意

英语阅读中理解主旨大意主要是指对一篇文章或一段文字的深层理解及在速读中准确把握文章的主旨大意。阅读某些文章时没有必要了解细节性的内容，只要弄清其中的中心意思即可，阅读报纸、杂志及一些参考资料就属于此种情况。

（五）猜测词义

猜测词义是阅读过程中常用的一种技能，是指根据对语篇的信息、逻辑、背景知识及语言结构等的综合理解来猜测或推断某一生词、难词、关键词的词义。这是一种非常有用的阅读技巧，获得这种技巧之后，读者在阅读过程中能很快通过上下文提供的线索或生词本身的结构特点推断出词义，从而提高阅读速度和阅读能力。

（六）条理判断

条理判断是指在阅读过程中读者根据掌握的相关知识（背景知识、跨文化知识、读物的结构知识以及当前的社会话题等）进行有效的推理和判断。根据所读材料的字面意思，结合语篇的逻辑关系以及各个细节的信息和暗示，推敲作者的态度、理解文章的寓意、悟出作者的弦外之音。

（七）细读

细读是把一篇文章（或一本书）读懂、读透，明白它说什么、怎么说以及内在的含义是什么。细读重视阅读的仔细性和透彻性，强调的是阅读用心，以取得透彻理解文章的效果。在细读的同时要力求做到分析性阅读，只有在此基础上才能做到培养学生的思辨能力。

（八）了解重点细节

读者把握文章线索之后，对文章的内容有了大概的了解，但很可能还没有真正地理解文章。想要真正地理解文章，阅读时必须注意文章的细节。细节是指文章中细小的情节，它对读者正确理解原文、进行综合思维和判断起着极其重要的作用。细节信息通常由主要信息和次要信息两个层面构成。

（九）理解文章结构

理解文章结构是指了解文章的整体篇章结构或某一段落的发展层次。读者在理解全文的基础上对文章所描述事件的发展顺序、所说明事物的结构层次以及在论述观点过程中使用的论证方法等进行推测、归纳和总结。

（十）理解图表信息

有些文章需要通过看图或表格等来了解某方面的情况。读者在阅读这类材料时，可以主要从两个方面入手：一是了解图表的主题，确定图表的主要内容；二是推敲图表中的语言或数字，找出它们之间的关联或试图表达的含义。

（十一）理解逻辑关系

思维是形成概念并运用概念进行判断、推理的过程，在这个过程中人们的认识可以从感性上升到理性。从哲学辩证的角度看，任何事物都有内容和形式两方面。阅读思维的内容是阅读材料及其本质和规律；阅读的思维形式是阅读篇章存在和表达的方式，即概念、判断和推理。逻辑思维是人们对客观事物本质和规律的反映，培养阅读能力就必须学会在阅读的思维过程中自觉掌握逻辑思维的形式，并遵守逻辑思维的规律，即明确概念、正确判断、合理推理。

（十二）理解作者意图

理解作者意图是指对作者的写作意图、观点态度和对事件的评论等的阅读理解。作者在文章中不仅有客观的叙述和说明，往往还会持有某种态度，如对某一观点或肯定或批评。在理解作者的观点、情感、态度、写作目的和意图时，要注意作者的观点和态度除了直接表达外，还经常可能在文章中间接表达出来。读者可以通过全文的叙述，从文章的主要内容来理解作者的观点；有时作者也会在文章中用特殊的词汇表达自己的思想感情，读者要从文章中的用词、语气或对某个细节的陈述来推断作者的态度观点等。

（十三）根据事实推理

在一些比较含蓄的文章中，需要读者根据文章所阐述的事实细节和上下文的暗示等线索进行综合分析，然后进行推断，最后得出合理的结论。初中英语教学中要求学生不仅要掌握文章的表达意义，还要了解其深层含义，最后根据文章细节进行综合分析。

第二节 连续性文本阅读微技能

训前思考

1. 常见的连续性文本是什么？
2. 在阅读连续性文本时，常用的阅读技能有哪些？

本节主要关注三种阅读微技能，即预测事实、概括主旨大意和猜测词义，并通过教学片段的课堂实录进行演绎和说明。

一、预测事实

预测策略指的是读者在阅读中根据文本的线索、自身的背景知识以及生活经验对文本的情节发展、故事结局、人物命运、作者观点等方面进行自主的假设，并在阅读过程中寻找文本信息来验证自己已有的假设，如此反复假设、验证，不断推进阅读。但是，预测不等于乱猜，台湾学者赵镜中先生认为预测不是没有根据地猜，而是根据线索来猜。依靠后续的阅读，学生能够看到自己的假设是否正确，并形成新的假设继续阅读。预测不仅仅是单一的假设，还要有不断地自我检验的过程，整个过程是呈阶梯式上升的。①

在初中阶段，预测事实的微技能主要是指根据文章标题、插图、主题句或文章结构来预测文章可能的内容。预测事实主要有四种方法：标题预测法，即根据文章的标题预测文章的内容；插图预测法，即运用文本中配套的插图预测文章的内容；首句预测法，即阅读文章各段落的首句预测文章的内容，因为首句往往是段落的主题句；文章结构预测法，即分析文章结构预测文章的内容。下面主要介绍插图预测法和首句预测法。

（一）插图预测法

在平时的教学中，课文配套的插图和前言往往被忽视，往往会认为它们只是课文的一个点缀而已。其实不然，插图和前言也是教科书的有机组成部分，是文字表述部分的延伸，是为说明、理解、深化文字内容服务的。在教学过程中，教师要利用前言的介绍让学生知晓文章的体裁，对所学文本内容有大概的了解；还可以运用课文配套的插图，将其进行巧妙的拆分，同时创设问题情境引导学生积极思考并学会推测，这样不仅可以激发学生的阅读兴趣，还可以让学生的逻辑思维得到良好的训练。案例中的文本以记日记的手法讲述了小作者的父亲如何机智地报警抓小偷的过程，教师运

① 林华媛，刘飞飞．构建以预测策略为导向的阅读教学［J］．语文知识，2016（20）：50–52.

用多媒体技术，巧妙地将文本中的一幅插图分拆多块，逐一呈现故事中的人和物，并通过教师的提问和追问引导学生推测故事发生的起因和过程。这种教法比让学生直接看整幅图或直接地读文字介绍更有趣，也更有效。

案例：插图预测法教学片段

（材料文本）

Here is a page from Paul's diary. Paul is writing about an unusual thing that happened to him one day.

图 3–1 课文插图

选自《牛津英语》（上海版）Dealing with trouble

1. 课堂活动设计

教学步骤一：引出文本，让学生关注“unusual”。

教学步骤二：教师先告诉学生故事的开头“Paul and his dad were waiting for the ferry one day. They saw something strange.”接着问“What is it?”并呈现课文插图的一部分，即图 3–2。

教学步骤三：呈现课文插图的另一部分，即图 3–3，并问“Who does the bag belong to?”

教学步骤四：呈现课文插图的另一部分，即图 3–4，引导学生就“Who does the bag belong to?”的问题进行更多思考，接着引出“two women tourists”。

图 3–2　课文插图的局部　图 3–3　课文插图的局部　图 3–4　课文插图的局部

教学步骤五：播放这部分录音，让学生找出他们在干什么，并问“Why do they have a big argument? Who does the bag belong to? What is the truth?”

教学步骤六：呈现整张课文插图，即图 3–5，让学生猜测谁是 Paul、谁是 Paul 的爸爸，接着问“What do you think would happen then?”

图 3–5　课文插图

2. 设计说明

本活动的目的是让学生通过图片预测故事的发展。教师先利用前言告诉学生本课的教学内容是 Paul 的一篇日记“He is writing about an unusual thing that happened to him one day.”，引导学生将注意力集中在“unusual”上，唤起他们的好奇心，进而猜测文本内容。接着，通过图 3–2 引出故事发生的关键物：bag。继续根据图 3–3，引出故事的关键人物之一：the young man。然后让学生看图 3–4，学生可能会说“It belongs to one of the women.”引出故事的另外两个关键人物：two women tourists。看完这些插图后，让学生听课文的部分录音，学生听完后得知他们正在吵架，从而引出 a big argument。学生通过这些问题的思考和讨论，结合一幅幅被拆分的插图可以越来越接近事实。最后显示完整的插图，引出课文的后半部分。这一系列的图片从局部到整体的呈现，让学生通过图片预测故事发展。

（二）首句预测法

在阅读教学中，教师教授学生推测事实时经常会指导学生进行合乎逻辑的思考和分析，让学生按上下文提供的线索从字里行间的信息中挖掘出文章的深层含义。

案例：首句预测法教学片段

（材料文本）

Paula wanted to write an article about the funny side of police work for her school newspaper. She interviewed Detective Smith and he told her these stories.

Story 1

I remember arresting a ‘thief’ in a clothes shop once. It was a strange case. The man was hiding a yellow sweater inside his coat. I thought he had stolen it, so I arrested him. We found out later that his wife gave him the sweater for his birthday, but he hated it. He just wanted to return it to the shop for a refund, but he didn’t want his wife to see him! We soon released him.

Story 2

One day, when I was working in Candy Town, a man robbed a bank on the Sixth Street. He wrote on the back of an envelope, ‘This is a robbery. Give me money!’ and gave it to the teller. She gave him $100,000, and the man ran away. Then we received a phone call from the teller. She told us to go to the man’s flat in Candy Town and get him. We arrested him as soon as he got out of the lift. He admitted that he had robbed the bank, but he couldn’t believe that we found him so quickly. We told him that the front of the envelope he used in the robbery had his name and address on it!

Story 3

I once read a funny story about a man from Australia. He was trying to smuggle some rare birds from Thailand into Australia. He hid the birds inside a special pocket in his trousers. But as he was going through customs, the birds started to sing!

选自《牛津英语》(上海版)The funny side of police work

1. 课堂活动设计

教学步骤一:用介绍部分引出文本,并让学生关注"funny"和"stories"这两个词。

教学步骤二:让学生读每个故事的第一句话,并猜测"What is the story about?"

教学步骤三:呈现三个关键词,并让学生将关键词与故事进行配对连线。

2. 设计说明

本活动的目的是让学生通过文章首句来预测文章内容。教师先利用前言告诉学生本课的教学内容是Paula为校报所写的一篇文章,引导学生注意到"funny"一词,提起学生的阅读兴趣。通过阅读前言让学生知道下文将包括几个stories(故事),而不仅仅是一个,而且是funny stories。学生阅读前言后对文章有了期盼,此时教师请学生打开书,找出文中的首段首句,让学生猜测每一段中会讲述的故事。最后,教师出示各个故事的关键词,学生通过配对可以预测每个故事讲述的内容,准确定位到首句获取文本信息。通过对首段首句的阅读,可以让学生迅速预测该段的内容。

二、概括主旨大意

文章的主旨大意即文章的中心思想。任何文章(或段落)都是为了向读者说明或阐述一个观点,因此大至每篇文章小至每一段落都必然有一个主题。这个主题就是作者要表达的核心内容,也是作者始终要说明的问题。主旨大意涵盖了文章的主要内容、段落大意、重要情节、人物特征和写作特点等方面的信息。主旨大意是文章的核心，能否抓住文章的主题思想是阅读者阅读能力最主要的体现。

掌握所读材料的主旨和大意是对中学生英语阅读能力的基本要求之一。只有掌握了文章的主题，才能正确理解文章，进而根据文章的事实细节推测作者的态度和观点。概括主旨大意主要是考查阅读者对一篇文章或一段文字的深层理解程度以及在速读中准确把握文章主旨大意的能力，考查时一般会针对某一语段或某一语篇的主题标题或目的设题。这类题目考查的范围是基本论点、文章标题、主题或段落大意等。它要求学生在理解全文的基础上能较好地运用概括、判断、归纳、推理等逻辑思维方法，对文章进行高度概括或总结，区分、辨别主要信息和次要信息，属于高层次题目。主旨推断题要求学生具有很强的话语篇章把握能力和分析能力，要能够从全局的角度对文章括以总领，理清脉络。因此，对阅读理解主旨题的把握能力决定了阅读这个整体的成败，它也是衡量阅读水平高低的一个重要标尺。如果学生在这种题型上能够取得突破，就等于攻克了阅读中最顽固的堡垒，有利于对其他类型题目的掌握。要准确抓住文章的主题思想，就要十分留意文章的开头和结尾，要抓住文中具有概括性的信息，从上下文连贯的意思来理解全文，看作者主要谈的是什么，透过文字叙述的过程来归纳主题。

初中阶段，概括主旨大意主要要求学生掌握作者在文中要表达的主要内容。在英语中，作者经常会将全文大意概括在首段首句或末段末句中，也就是常说的“主题句”。因此，如果学生能在阅读过程中有意识地关注这些重点位置，便能十分方便地找到全文的主题句并了解文章大意。通过定位法可以逐渐在学生脑海中形成这一思路，有利于他们对纲领性信息的快速把握。

教师可以指导学生采用以下四个步骤进行主旨归纳：第一，快速阅读全文；第二，重点阅读文章的首段和末段以找出文章的主题句；第三，抓住每一章节或段落的主题句；第四，提炼和概括主题句。

案例：概括主旨大意教学片段

（材料文本）

This book says our world is in danger. It describes the various threats to the environment. The situation is so serious that we must do something to save the Earth.

The green house effect

The writers ask us to ‘imagine that the Earth is inside a kind of greenhouse with the atmosphere around it. The atmosphere acts like the glass: it lets sunlight in and keeps warmth from getting out. The atmosphere is essential for all living things. Without it, the Earth would be as cold and lifeless as the surface of the moon’.

‘The trouble is that our atmosphere is changing because we are polluting it with chemicals—in the form of gases—and it is keeping in too much heat!’

These gases, mainly carbon dioxide (CO_2), are produced by burning fuels such as petrol. The greenhouse effect may cause the level of the sea to rise and flood cities and even whole countries.

Damage to the ozone layer

The writers tell us that ‘ozone’ is a gas which occurs 20 to 50 km above the ground. It forms an essential protective layer around the Earth. Without it, the Sun would burn us up.

We are making holes in the ozone layer, mainly by using chemicals called CFCs. We use these in fridges and spray cans, and to make plastic items such as fast food boxes.

Destruction of the forest

The burning and cutting down of the forests is making the greenhouse effect worse because trees take in CO_2. It also causes soil erosion and flooding, as well as destroying the homes of people and animals that live in the forests.

Bad habits

Many of our habits cause pollution, especially our habit of using things once and then throwing them away. This creates massive mountains of rubbish. We do not know what to do with the rubbish and it pollutes our land and sea. For example, people throw away as many as seven billion drink cans in Britain each year. That is enough to reach from the Earth to the moon.

How can we save the Earth?

The book is asking us to become 'green consumers'. That means we should only buy and use environmentally friendly goods so that we can save the Earth. These goods will not damage the environment.

Let's be green consumers and enjoy living a better life on the Earth!

选自《牛津英语》（上海版）The green consumer

1. 课堂活动设计

教学步骤一：呈现文本，让学生通读文本，关注每个段落的标题。

教学步骤二：让学生将小标题与图片进行配对连线。

教学步骤三：让学生找到每个段落的关键句。

教学步骤四：根据关键句，让学生归纳整个文本的主旨大意。

2. 设计说明

本活动的目的是让学生通过寻找段落的关键句来概括文章的主旨大意。首先，呈现文本，教师要求学生快速阅读全文，强调要特别注意粗体小标题。然后，教师要求学生将标题和相应的图片进行匹配。接着，教师让学生找出每一个段落的主题句。在之前的标题与图片配对的过程中，学生已经对课文的 5 个部分有了初步的了解，在此基础上，教师让学生寻找每一段落的主题句。最后，让学生根据黑板上的主题句进行整合、提炼，从而概括出全文的主旨大意。

三、猜测词义

猜测词义是指在阅读过程中根据对语篇的信息、逻辑、背景知识及语言结构等的综合理解去猜测或推断某一生词、难词、关键词的词义，它是一种非常有用的阅读技巧，获得这种技巧之后学生在阅读过程中能很快通过上下文提供的线索或生词本身的结构特点推断出词义，从而提高阅读速度，这种方法是根据一个词所处的语言环境来猜测词的含义。

这里所说的语言环境指的是狭义的语境，也就是上下文，亦是词语、句子、段落所处的语言环境。一个生词的语境就是它的背景，即其周围的词语、句子以及段落。利用语境推测生词的大意，就是通过识别生词及其周围的词语、句子和段落之间的关系来实现的。利用语境推测生词大意的关键是找出语境线索，语境线索就是语境中表明特定关系的信号词和某些标点符号。利用全文的篇章结构及篇章主旨来推导生词的大意、生词的意义用法并顺带处理相关语法的过程，充分体现了词、句、篇三者的关系，可以说是词不离句、句不离篇。要想获得对某个词语的正确理解就必须读懂上下文。

猜测词义的方法主要有以下 3 种。(1)利用上下文中的同义词。在阅读中，如果遇到生词，经常会在句中或段落中发现与此生词意义接近的另一个词，这个同义词可以帮助决定生词的词义。(2)利用上下文中的反义词。和同义词不同，反义词是一个生词的相反意思。有时，句子的两部分由表示转折的词如 but、however 等连接，这时读者就要注意找反义词。如果已知这个生词的反义词，就能很容易地猜出这个生词的词义。(3)利用上下文中的释义。有时为了说明一个词，作者往往会使用定语从句、同位语等给这个词下定义，由此可以根据释义猜出生词的意思。这种方法并不难掌握，但关键问题是在阅读中如何很好地利用，教师在教授阅读技巧的过程中要有意识地加强学生对这方面的练习。要培养学生这方面的能力，让他们尽可能少用或不用字典，只有这样才能提高他们的阅读速度，进一步增强他们阅读理解的能力。

初中阶段，猜测词义主要是指学生在阅读过程中猜测生词的阅读技能。教师可以指导学生用以下四种方法来猜测词义：(1)利用生词的上下文猜测词义；(2)利用文中的举例或词义的定义、同位语或定语猜测词义；(3)根据对比、因果等逻辑关系猜测词义；(4)利用构词法如前缀、后缀等猜测词义。

(一)利用构词法猜测词义

英语单词的构词法以派生和合成为主，了解构词法并记住一些派生词词缀可以扩充词汇量，也可以用来猜测生词词义。派生词的词义可依据“前缀变词义，后缀变词性”的原则来猜测。前缀是加在一个单词前面的音节，它并不是独立的单词，不改变词性；但它本身具有一定的含义，能够改变原词的意思或给原词加上一层意思。因此，学生可以通过辨认前缀，并结合原词与前缀的意义猜出该词的新意。例如，uninteresting（un- + interesting）的前缀 un- 表示“相反”，不难猜出这个词的意思是“不令人感兴趣的”“无趣味的”。后缀是加在一个单词后面的音节，它本身一般也有一定含义，能够改变单词的词性，有时也改变词义。学生可以根据自己认识的词根部分，结合后缀的含义猜出生词的词义。例如，interviewee（interview + -ee）中的 -ee 是名词后缀，加在动词 interview（接见）之后，则表示“被接见者”或“接受口试者”。（如果在 interview 一词后加上表示行为主体的后缀 -er，构成 interviewer，则表示“接见者”“采访者”。）

英语除了通过加前缀、后缀来派生新词外，还有一个常用的派生新词的办法——合成法，即把两个现成的词相加构成一个新词。例如：sun + flower = sunflower；in + door = indoor；up + stairs = upstairs；green + house = greenhouse；English + speaking = English-speaking；door + keeper = doorkeeper；sun + set = sunset；等等。

掌握必要的构词法知识是学习英语词汇的必由之路，也是捷径。因此，教师应引导学生尽量多识记常用的前缀及后缀并掌握其意义，分析词汇构成的规律，以便有效地扩大词汇量，从而提高阅读理解的能力。

案例：利用构词法猜测词义教学片段

1. 课堂活动设计

教学步骤一：呈现单词“agree”，然后问哪个词的意思是“不同意”。

教学步骤二：让学生思考更多的前缀。

教学步骤三：问学生 agree 的名词是什么，接着呈现更多名词后缀如 -ness、-ful、-ly 等。

教学步骤四：给学生一个新词，让学生用构词法猜测其意思。

2. 设计说明

本活动的目的是让学生学会利用构词法来猜测词义，共有四个步骤。第一、二个步骤中，教师先给学生一个熟悉的单词 agree，让学生说出它的反义词，并让学生思考还有哪些表示相反意思的前缀。第三步中，教师问学生 agree 的名词是什么，并提供更多后缀，同时也让学生明白很多后缀决定了单词的词性。到这里为止，学生应该学会了从词根出发，利用前缀和后缀去猜测一个新单词的词义。因此，在第四步教师给出了一个新单词 uncontrollably，学生已经学过单词 control，利用刚学过的构词法很容易猜出新单词的词义。

（二）利用上下文猜测词义

不同标点符号具有不同的作用，表达不同的含义。“……”常常被用来表示思维的突然中断或是说话未完，如果学生能够熟知各种标点符号的功能，就可以在阅读中利用这种信息来推测生词的意思。

案例：利用上下文猜测词义教学片段

（材料文本）

From my pocket, I took my small, powerful laser torch. Because it was in a plastic case, the magnet could not attract it. ‘We'll use this to escape from the cage,’ I said. ‘First, I'll melt the bars and then ...’

Peters **interrupted** me. ‘I know, Captain. Then you'll use the torch to kill Gork.’

（生词：**interrupt**）

选自《牛津英语》（上海版）Nobody Wins

1. 课堂活动设计

教学步骤一：让学生通读全文，提醒学生关注“First, I'll melt the bars and then ...”这句话。

教学步骤二：问学生“Has the writer completed his words? How do you know that?”

教学步骤三：让学生关注“I know, Captain. Then you'll use the torch to kill Gork”这句话。

教学步骤四：问学生“Who does ‘**I**’ refer to?”

教学步骤五：让学生根据上下文猜测“I”是指谁。

2. 设计说明

本活动旨在帮助学生通过上下文，特别是标点符号来猜测生词的词义。共有五个步骤。第一、二步是让学生聚焦句子“First, I'll melt the bars and then ...”并思考说话者是否已经讲完话且是怎么判断的。在这个句子里有一个关键的标点符号“...”，省略号常常被用来表示思维的突然中断或是说话未完，所以要让学生注意到这个符号。在第三、四步中，教师让学生聚焦句子“I know, Captain. Then you'll use the torch to kill Gork.”问学生句中的“I”指谁，让学生明白这个“I”不是之前的作者，而是Peters。第五步，在看明白了标点符号“...”的意思，且理解了上下文之后，学生不难得出interrupt是“打断、插嘴”的意思。

（三）利用定语猜测词义

推测词义的一个重要线索是来自上下文的定义和解释，定义或解释往往是作者在文章中说明该生词是什么，或是关于什么的，或者是怎么样的。在很多情况下，定语从句是解释词义的标识，它给出了所修饰的某一名词的定义。

案例：利用定语猜测词义教学片段

（材料文本）

The writers tell us that ***ozone*** is a gas which occurs 20 to 50 km above the ground. It forms an essential protective layer around the Earth. Without it, the Sun would burn us up.

We are making holes in the ozone layer, mainly by using chemicals called CFCs. We use these in fridges and spray cans, and to make plastic items such as fast food boxes.

（生词：***ozone***）

选自《牛津英语》（上海版）Saving the Earth

1. 课堂活动设计

教学步骤一：让学生通读全文，关注“The writers tell us that ozone is a gas which occurs 20 to 50 km above the ground.”这句话。

教学步骤二：问学生“Is ozone gas liquid or solid?”

教学步骤三：让学生再读“which occurs 20 to 50 km above the ground”这句话，并回答以下三个问题。

- What kind of sentence is it?

- What does "which" refer to?
- Is ozone the air we breathe every day?

教学步骤四：让学生阅读段落的余下部分，尽力猜测"ozone"的词义。

2. 设计说明

本活动共有四步，目的是教会学生通过定语从句来猜测词义。在第一、二步中，首先让学生明白 **ozone** 是一种气体，这样学生可以缩小范围来猜测词义。在第三步中，教师通过三个连贯的问题让学生明白这是一句定语从句，是在给 **ozone** 下定义，**ozone** 虽然是一种气体但不同于我们每天在呼吸的空气。到这一步，学生应该基本明白 **ozone** 是什么气体。紧接着跟进第四步，通过后面句子对 **ozone** 的描述，更加清晰 **ozone** 意为"臭氧"。

Quiz 小测试

请试试以下的测验题，看看你对阅读教学中的一些微技能了解多少。

1. Did the instructor provide an opportunity for students to predict? If so, how? 教师是否有提供机会给学生进行预测？如果有，又是如何开展的？

☐ By using visuals 用直观教具

☐ By using the title of the reading 用阅读文本的题目

☐ By using vocabulary from the reading 用阅读文本中的词汇

☐ By having students draw on their own experiences or previous knowledge 通过激发学生已有的经历和知识

☐ Other ______________________ 其他

2. Did the instructor provide an activity that focused on main idea? If so, how? 教师是否有开展活动聚焦文本主旨大意？如果有，是如何开展的？

☐ By having students survey the reading (title, heading, illustrations) 让学生进行文本浏览（包括题目、开头、插图等）

☐ By having students skim the reading (look at the reading to get a general idea, the main idea) 让学生快速通读全文以了解大意

☐ Other ______________________ 其他

3. Did the instructor work with the vocabulary needed to understand the reading? 教师是否在阅读前进行词汇教学？如果是，是如何开展的？

☐ By drawing on students' prior experience 在学生已有知识的基础上

☐ By providing definitions 给出词汇定义

☐ By asking students to deduce meaning through contextual clues 让学生通过上下文猜词义

☐ By working with synonyms or antonyms 通过同义词或反义词

☐ By looking at word formations (prefixes, roots, suffixes) 通过构词法（如前后缀等）

☐ Other ______________________________ 其他

第三节　综合运用

一、实战演练一："猜测词义" 教学指导

（一）设计要求

请任选一篇阅读文本，设计一份"猜测词义"的教学指导案例。

表 3–1　设计"猜测词义"的教学指导案例

<table>
<tr><td>年级</td><td></td><td>教学内容</td><td></td></tr>
<tr><td>学习目标</td><td colspan="3"></td></tr>
<tr><td>教学活动描述（从学生视角描述，可以分为若干个环节）</td><td colspan="3"></td></tr>
<tr><td>活动形式</td><td colspan="3">☐ 独立　　☐ 结对　　☐ 小组</td></tr>
<tr><td>对活动的自我评价</td><td colspan="3"></td></tr>
</table>

（注：设计 Narrative reading 微技能的教学活动案例，并非整个教案。）

（二）参考设计

【举例法】

（材料文本）

‘Yes. That’s where I came from in the first place. Remember not to waste me or pollute me. I’m ***precious***, like liquid gold. See you.’

‘Wait a minute. What do you mean by liquid gold?’ But there was no reply. The water had gone.

（生词：**precious**）

选自《牛津英语》（上海版）Water Talk

1. 教学活动描述

（1）首先让学生阅读上述文字。

（2）问学生：“Do you know gold? Is it expensive? Is it rare?”

（3）接着，问学生：“What does ‘like’ here mean?” 学生回答：“像。”

（4）继续引导学生：“Yes. Here ‘like liquid gold’ is a metaphor. From the metaphor, who can tell us the meaning of the word ‘***precious***’ ?” 学生回答：“珍贵的。”

2. 设计说明

有时作者为了阐明某一种重要观念或讲清某一抽象概念，往往会采取举例的方式对这一观点或概念进行具体的说明和解释，以便使读者理解得更具体些。因此，这些例子也就成了推测生词词义的线索。

如在上述文章里，作者为了表达水的珍贵（precious），通过 like 引出 liquid gold 来说明和强调水的珍贵。在平时的阅读中，还有很多类似 like 的信号词，如 for example、for instance、such as、especially、include、consist of、specially 等，这些都是表示列举关系的信号词。在阅读过程中，教师应指导学生多关注此类词语，并提醒学生后面的部分是用来说明、强调前面内容的。

【对照法】

（材料文本）

I start school. I enjoy seeing my school friends, but some of the work is boring because it is too simple for me. I ***usually achieve A grades*** in all my subjects. I ***never fail an exam***.

（生词：**achieve**）

选自《牛津英语》（上海版）A day in the life of whizz-kid Wendy

1. 课堂活动设计

（1）教师让学生阅读上述文字。

（2）学生阅读完后，教师问学生："Has Wendy failed an exam?" 学生根据课文内容 "I never fail an exam." 回答："No. She never fails an exam." 教师问这个问题的目的是让学生知道 Wendy 在学习上一直很好，从未失败过，为之后的第二个问题作铺垫。

（3）教师接着问："Does A grades mean good or bad marks? " 学生从现实中应该知道是 good marks。

（4）教师顺势说："We know A grades means good marks. And Wendy never fails an exam. So what's the meaning for 'achieve'?" 学生通过对 "usually achieve A grades" 和 "never fail an exam" 的对照，理解生词 achieve 是"达到、获得"的意思。

2. 设计说明

在平时的阅读材料中，文章作者经常会运用对照或对比的手法来表现事物之间的联系或差异，有时是并列、递进的，有时是相反、对立的，教师在教授过程中不妨让学生利用其中一个熟悉的词或词组来推断出另一个生词的词义。例如，在上述文本中学生对照前后两个词组："usually achieve A grades" 和 "never fail an exam"，这两个词组所在的两个句子之间没有转折词，所以它们表达的都是同一个意思，学生对后面的 never fail an exam 这一词组是熟悉的，可以通过 never fail an exam 推测出 achieve 的词义。

二、实战演练二："预测事实"教学指导

（一）设计要求

请根据所提供的文本，设计一份"预测事实"的教学指导案例。

（材料文本）

The grasshopper and the ant lived in a forest. The grasshopper was lazy and the ant was hard-working. All summer, the grasshopper sat in the sun and sang happily all the time. The ant made a house under the ground.

Autumn came and the ant worked harder. He collected food and took it into his house. 'Why do you work so hard?' asked the grasshopper. 'Winter is coming soon. It'll be very cold and it'll snow, too. It'll be difficult to find any food,' said the ant. 'Don't be silly, my friend,' laughed the grasshopper. 'There will be plenty of food in the forest in winter. Let's sing and play.'

At last, winter came. The ant stayed in his warm house. He had a lot of food. The grasshopper was outside in the snow. He looked for food everywhere, but he found nothing. He felt cold, hungry and disappointed.

The ant heard the grasshopper and came out of his house. 'What's the matter, my friend?' asked the ant. 'I'm cold and hungry,' answered the grasshopper sadly. 'Come into my house,' said the ant. 'It's warm inside and I've got enough food for both of us.' The grasshopper thanked the ant and promised, 'When spring comes, I'll work hard like you.'

选自《牛津英语》（上海版）The grasshopper and the ant

（二）参考设计

1. 课堂活动设计（利用插图预测）

（1）呈现图 3–6，让学生比较蚱蜢与蚂蚁，并猜测这是什么季节。

图 3–6　课文插图 1

（2）呈现图 3–7，让学生尽力猜测蚱蜢对蚂蚁说了什么，并猜测这是什么季节。

图 3–7　课文插图 2

（3）呈现图 3–8，让学生比较蚱蜢与蚂蚁，并猜测这是什么季节。

图 3–8　课文插图 3

（4）呈现图 3–9，让学生尽力猜测蚂蚁对蚱蜢说了什么。

图 3–9　课文插图 4

2. 设计说明

通过图片让学生对故事的情节发展有所预测。第一张图主要是让学生观察后对比蚂蚁和蚱蜢的活动，让学生尝试猜测当时的季节。第二张图让学生通过图片预测当时的季节以及蚱蜢会对蚂蚁说些什么。第三张图，处于不同季节后，让学生观察，同样对比此时蚂蚁和蚱蜢的活动。第四张图，在明显的季节中，也同样让学生预测蚂蚁会对蚱蜢说些什么。通过这四张图的观察和预测，能够让学生预测到这个故事的情节发展。

三、实战小贴士

英语阅读微技能的培养和使用并不是一朝一夕能实现的，这是一个缓慢的过程，需要教师根据英语阅读材料的特点，采取科学合理的教学方法，才能提高学生的阅读能力和综合运用语言的能力。因此，教师在指导学生使用阅读微技能时，应有规划地培养各项微技能。

第一，应该分专题辅导阅读微技能。在指导训练学生使用微技能之前，教师应及时通过问卷调查、访谈、课间交流与辅导、测试分析等方式，充分了解学生是否了解英语阅读微技能以及是否会运用微技能进行阅读，并收集、整理和分析学生的反馈信息。根据学生的实际阅读水平以及存在的问题，教师再进行微技能使用的专题辅导，系统地向学生介绍有关的阅读策略及英语阅读微技能，并引导学生实践，以提高学生的阅读速度和理解能力。

第二，可以分阶段培养阅读微技能。阅读过程是一个复杂的心理活动过程，这一过程是学生获取知识、信息并根据需要处理信息的心理过程和思维过程。教师在指导学生阅读的教学过程中，要帮助学生选择恰当的阅读策略，运用阅读微技能，从而培养学生的语言综合运用能力。因此，教师在培养学生的阅读微技能时，可以根据阅读教学目标的要求、课本语言材料的特征和学生的认知特点，通过对阅读文本的解读，找出最适合培养的阅读微技能并充分考虑各项微技能的难易程度。教师应在起始阶段就制订阅读教学计划，把对学生阅读能力的培养细化到每一个教学单元，分阶段进行训练。教师要按照一定的顺序训练学生的阅读微技能，对学生进行系统的阅读微技能指导，减少阅读教学中学法指导的盲目性和随意性。

第三，合适的阅读材料可以使微技能的训练事半功倍。所谓“合适的阅读材料”涵盖了阅读材料的趣味性、难易度、信息量、题材等方面，当以上这些条件符合学生的需求时，学生就会饶有兴趣地阅读；相反，枯燥的、单调的、高难度的阅读材料可能会把学生的阅读兴趣扼杀掉，让学生对阅读产生反感。因此，如何选择合适的阅读材料对培养该阶段学生的阅读兴趣至关重要。阅读材料的难易度主要表现在语篇篇幅、词汇量、句型和语法内容等方面，对于初中低年级学生来说，每一语篇的篇幅最好在 200 字之间，每一篇的生词量不超过 3%。如果篇幅很长，生词较多，而且时不时出现长句子或复杂句，那学生一定会望而生畏，特别是生词很容易成为学生阅读的“挡路石”。

第四，适切的阅读环境有助于学生训练阅读微技能。对于初中生来说，轻松、积极和互助的学习氛围尤为重要，因为这样的氛围让学生感到安全和被理解。教师可以为学生创设各种有趣的活动，如游戏、小竞赛等，既让学生放松又让学生练习微技能。教师还可以组织一些合作活动，让学生在合作活动中通过沟通和交换信息来共同解决问题。

拓展资源

英语阅读微技能的培养需要有载体来帮助实现，因此合适的阅读材料可以使微技能的训练事半功倍。教师可以根据学生的词汇量选择合适的分级读物，常见的有《英语辅导报》《21 世纪英语报》《上海学生英文报》*Studio Classroom* 等，这些报纸和杂志涵盖了时事新闻、小故事、人物专访等，难度也比较适中，便于学生阅读，有助于培养学生的阅读习惯。

目前市面上发行的《书虫》《朗文分级阅读》《牛津故事乐园》等英语读物很多，但它们的分级标准皆有不同。教师应时刻关注各种英语读物，要根据新课标中对学生阅读的要求并结合课文主题对英语读物进行再次分级分类，然后推荐给不同阅读水平的学生。

以 *Studio Classroom* 为例。这是一本专为亚洲人设计的英语学习类杂志，以初、中、高三级难度面向各类英语学习人群。杂志当前主要以收录世界最新时尚资讯、热点话题、人物、故事、文化、社会现象等为主。教师可以从中精心挑选适切的阅读语篇，最好与牛津英语教材的主题匹配，如果挑选出的阅读语篇与课文内容相关，或者是学生熟悉并喜闻乐见、感同身受的，那这样的阅读一定会促进教学效果，同时也能增强学生对英语阅读的兴趣。

为了保证阅读计划得以顺利进行，阅读记录卡是一个很好的途径。

表 3–2　阅读记录卡（Reading Card）

阅读时间（date）		阅读地点（place）	
文章题目（topic）			
文章大意（general idea）			
各段落大意（ideas of paragraphs）	Para 1: ______ Para 2: ______ Para 3: ______		
生词（new words）	words	meaning in the passage	meaning in the dictionary
句子摘抄（beautiful and useful expressions）			
Feedback in class			

此外，可以在互联网上搜集、下载英语学习网站的相关资料，分主题或类别来指导学生；还可以利用一些 APP 的资源，让学生在线阅读适合学生阅读程度和阅读兴趣的英语素材来训练阅读能力。

市面上可供参考的书籍如下：

（1）安凤岐主编《初中英语阅读微技能教程》。

（2）[美]安德森著《第二语言阅读探索：问题与策略》（圣智英语教师丛书）。

（3）*Active Skills For Reading*（积极英语阅读教程）。

（4）鲁子问主编《英语教学论》（课程与教学论系列教材）。

（5）[英]杰里米·哈默著《朗文英语教学实践（第4版）》。

参考文献

[1] 中华人民共和国教育部．义务教育英语课程标准（2011年版）[M]. 北京：北京师范大学出版社，2017.

[2] 上海市教育委员会教学研究室．上海市初中英语学科教学基本要求（试验本）[M]. 上海：上海教育出版社，2019.

[3] 教育部考试中心组编写的“中国英语能力等级量表”系列研究图书。

[4] 王蔷，陈则航．中国中小学生英语分级阅读标准（实验稿）[M]. 北京：外语教学与研究出版社，2016.

第四章

看图写话

Picture writing

看图写话是指依据图画所表现的情景，按照规定和要求进行写作。看图写话旨在考查学生的观察能力、分析能力、想象能力、创新能力以及遣词造句、组句成篇的书面表达能力。本章将展示两种看图写话的课堂微技能，即指导选词和引导关注细节。希望对教师的教学工作有所帮助。

第一节　看图写话

一、定义

Picture writing 即看图写话（作文），要求学生依据图画所表现的情景，按照规定和要求进行写作。通常会要求学生把一幅或几幅内容连续的图画有条理、有层次地用文字表现出来。看图写话的能力能够体现出学生的观察能力、分析能力、想象能力、书面表达能力以及创新能力。

二、现状分析

看图写话的文体以记叙文为主。根据《上海市初中英语学科教学基本要求（试验本）》，语篇学习的记叙文学习内容与学习要求显示看图写话的学习水平属于 C（运用）到 D（综合）。有时写作任务也需要学生运用推理，想象并编写出图片中没有表现出的内容，从而使所叙述的故事更完整通顺，逻辑也更合理。

从牛津英语上海版的教材以及近年来的大型考试与检测来看，看图写话以记人、叙事为主，主要是叙述人物的经历和事情的发展变化过程。看图写话中的写人通常以人物的活动为中心，通过对若干件事的记叙或描写，把人物的形象、性格刻画出来。叙事通常遵循事件发生的先后顺序，如事件的起因、过程、高潮和结果等。但是由于图片的篇幅有限，通常学生并不能从图片中了解所叙述事情的全貌，需要观察并运用推理与想象，通过上下图进行推测并编写合理的图与图的过渡，甚至是合理的结局。

然而在教学中，看图写话操作不易，主要原因在于很多学生在看图写话的习作中会出现审图不仔细、表达不清、逻辑思维混乱等现象，从而“望图兴叹”。为了帮助学生解决看图写话中的种种问题，提高学生看图写话的能力，下面将介绍一些实用的看图写话微技能。

三、常用技能

看图写话的课堂微技能可简述为“三导三引一激发”——三导为：指导审题、指导选词、指导造句；三引为：引导观察理解、引导关注细节、引导推理分析；一激发，顾名思义，为激发学生的创新思维。可扫描二维码观看相关视频。

1. 指导审题（Direct students to examine the topic）

教师指导学生根据图片内容确定好题材与体裁，弄清是写人还是写景，是说明还是叙事，是书信还是日记或是其他应用文体。

2. 引导观察理解（Lead students to examine the pictures）

教师引导学生观察图片中的大致内容，如 environment，actions，dialogues，facial expressions。

3. 引导关注细节（Lead students to pay attention to the details）

除了对图片的发展流程进行观察外，教师还应引导学生关注图片中有意义的细节（所谓有意义的细节是指对图片中故事发展情节有着推动作用的细节），以培养学生的推理能力和逻辑思维能力。

4. 引导推理分析（Lead students to infer and analyze）

教师引导学生在观察图片后，对画面的内容加以想象、扩充或补充，以培养学生的逻辑思维能力。

5. 指导选词（Direct students to choose proper vocabulary）

教师指导学生进行恰当的选词，如动词、名词、形容词、副词等，以使对图片的描写更加生动传神。

6. 指导造句（Direct students to join words to form sentences）

教师指导学生进行句子的组建。每个句子的构成应根据图画的语境选择恰当的词语，而句子之间则应根据上下文的语境采用合适的连接词进行连接，在这个过程中要注意语言表达的正确性。

7. 激发创新思维（Motivate students to write creatively）

教师可以在教学的过程中去掉一幅图片，让学生进行合理的想象并完成短文，以培养学生的高阶思维。

第二节 看图写话微技能

训前思考

What aspects will you focus on when you teach your students to understand the pictures?

一、指导选词

(一) 选词的重要性

词汇是构成语言的最小单位，要想写出好的文章，首要的一点是尽可能多地掌握并准确地使用英语词汇。在 *The Right Word At The Right Time* 的序言中，编者对词语选用的重要性作了一个很好的比喻："Using the right word at the right time is rather like wearing appropriate clothing for the occasion: it is a courtesy to others, and a favor to yourself — a matter of presenting yourself well in the eyes of the world."

从这段话中，能体会到说话或写文章时用词适当比穿着适当的难度大得多，因而也更加重要。教师在指导学生看图写话的过程中，选择合适的词汇准确表达图片的意思至关重要。

在选择词汇时，教师应提醒学生注意以下几个方面。

1. 近义词或同义词的区别

在意义和用法上，它们仍存在着细微的差别。同义词意义上细微的差别主要体现在词的外延和内涵上。词的外延不同，即词所指的对象或强调的内容不同。比如，在 father 和 daddy、mother 和 mummy 等表示称谓的同义词中，daddy 和 mummy 等均属于小儿语，感情色彩很浓。

2. 语体的差别

语体涉及语言使用的社会环境，包括文化风格、语言的使用域及方言、时间等诸多方面。词汇的文体风格不同是指不同的同义词出现在不同的文体中会有所差别。例如 home 与 residence, home 为一般用语，residence 为正式用语。

3. 搭配上的差别

词语的搭配是学生学习的难点。如 large 和 big 都指“大”的意思，但 large 通常用来修饰诸如 number、amount 及 quantity 等词（a large number of students，a large amount of money，a large quantity of wine）。但像勇气、信心、能力、智慧等表示个人素质的名词，通常用 great 而不用 big 和 large 来修饰。

除此之外，还应把握好英语和汉语词汇无法对应的部分。学生看图片之后，很容易蹦出 chinglish 的表达方式。不是所有的英语词汇都有相应的汉语词汇来表达，一些在意义上存在差异的英语词汇也有可能用同一个汉语词汇来表达，这就使得学生在用英语来表达思想时面临更多选择上的困难。比如，family 和 home 两词都可译成汉语的“家”，但它们却不是同义词，family 主要指家庭成员，与人有关，而 home 主要指所居住的地点、住宅；except 和 besides 有时都译成同样的汉语“除了”，但它们的意思却是相反的。因此不能依赖于单纯的汉语译意，有时甚至还有可能被误导。

在英语写作实践中，要明白晓畅地表达思想并不是一朝一夕能做到的。但在看图写话这样的基础阶段，如果教师能较好地引导学生关注同义词之间的区别，准确掌握词语的搭配方法，那么就能帮助学生迈出通往成功写作的第一步，这是非常重要的一步。

（二）指导选词的微技能

下面将展示如何用头脑风暴、知识迁移以及适当使用多媒体来帮助学生选词。

1. 头脑风暴法

现代创造学的创始人、美国学者奥斯本于 1938 年首次提出头脑风暴法（brainstorming）。头脑风暴原指精神病患者头脑中短时间出现的思想紊乱现象，病人会产生大量的胡思乱想。奥斯本借用这个概念来比喻思维高度活跃、打破常规的思维方式而产生大量创造性设想的状况。头脑风暴法在英语教学中经常使用。在看图写话的教学活动中，小组讨论或个人思考后，列出相关的词，随想随记，不必有先后次序；列好之后，重新审核，大家各抒己见，使各种思想在相互碰撞中激起脑海的创造性“风暴”。读图之后，教师应鼓励学生敢于标新立异，从不同角度进行思考，提出独特的、有创造性的想法；鼓励学生勇于展示自己的思路或想法，敢于和其他有创意的思路接触，碰撞出火花。引导学生在有限的时间内充分交流，甄选出最合适的词汇来表达图片内容。

在利用头脑风暴法选词的过程中，教师要尽最大努力创设一个让学生可以放松思想、思维自由驰骋的环境。在这个环境中，学生相互充分交流，不设任何条条框框，可以尽可能多地提出自己独特的设想。为了扩大各个思维火花碰撞的机会，在每个小组的人员分配上要科学、合理，这样更易于形成风暴式的讨论。一般不宜把成绩较好或较差的学生分在同一个组，教师要综合各个学生的成绩、成长背景、知识阅历、性别、性格、学习积极性等方面进行分组。

在看图写话的教学过程中，如果教师能适时使用头脑风暴法，可以有助于激发学生的学习兴趣，同时也是提升学生核心素养的一种有效方式。在教学中使用头脑风暴法，使学生在思考解决问题时产生思维共振、智力互补，从而达到学习的目的，提高学生学习知识的积极性。

2. 知识迁移

知识迁移是指一种学习对另一种学习的影响，凡一种学习对另一种学习的影响是积极的，起促进作用的，就称为“正迁移”，反之，则称为“负迁移”。[①] 学生在学习新知识、解决新问题时，总离不开已有的知识经验，因此在教学中教师必须引导学生用已学的知识和经验，产生举一反三、触类旁通的正迁移效应，并设法阻止负迁移情形的发生。美国著名心理学家桑代克通过实验发现，类似的学习活动可产生迁移，而不相似的学习活动却不产生迁移。因此，在看图写话的教学过程中，为了使学生能准确地选择词汇，教师可以把相似的词汇给到学生，指引学生对其进行分析、比较，找出区别与不同，从而达到准确表达的目的。

---

① 章志光 . 心理学［M］. 北京：人民教育出版社，1984.

3. 多媒体使用

多媒体有助于提高教学质量。多媒体英语教学能以文字、符号、图形、图像、活动影像和声音等多种呈现形式，帮助学生形成一种身临其境的感觉。例如，用多媒体计算机的动画功能模拟英语教学中出现的一些语言知识的形象图片，从而解决中学英语教学技术受时间、空间、条件等限制的问题，表现出传统教学技术无法表现的内容。对学生来说也有利于知识的理解和记忆，产生更好的学习效果。如在教授 gently、fiercely 这两个副词时，可以利用动画展示给学生 blow gently 和 blow fiercely 两种状况以及人物的活动，这样学生就可以一目了然地理解这两个词的区别。

在英语教学中，使用多媒体软件中形象生动的实时动画、悦耳动听的音乐，使学习内容达到了真正意义上的图文并茂、栩栩如生，促使学生由被动学习者变成始终保持高度学习兴趣的主动参与者，从而加深学生的认识理解，让学生投入当时的情景，有助于培养学生的观察、创造思维及分析判断能力。可扫描二维码观看相关视频。

案例：指导选词教学片段

1. 课堂活动设计

T: OK. Let’s talk about the climax now.

Please discuss with your partner and find out some verbs to help you describe Picture 3 and Picture 4.

图 4–1　描述插图

（图片为华东师范大学第四附属中学朱琳老师原创）

S: (discuss)

T: Any volunteer?

S: Lots of money **came out**.

T: Came out? "come out" is usually used to describe something appears or becomes visible.

Do you have a better one?

S: Lots of money **flew out**.

T: Better. But we have learnt another verb which can be used to describe something comes out from somewhere in very large amounts.

S: ...

T: Let me show you a short video. Maybe after watching you will get it.

S: **Pour**!

T: We can use the same verb to describe these three situations. Sometimes we can choose different verbs to make our descriptions more accurate and vivid.

2. 设计说明

本活动的目的是通过选择适当的词来完成看图写话。教师利用前言告诉学生本活动的内容是讨论故事的高潮部分，即 Picture 3 和 Picture 4 的内容。首先，要求学生开展小组讨论，然后使用头脑风暴的方法请学生分享他们选择的词汇。这些词汇分别是 came out、flew out，显然，这些词汇还不能准确而形象地表达图片的意思。随后教师使用比较分析的方法（"come out" is usually used to describe something appears or becomes visible.）帮助学生完成知识的正迁移。最后，引导学生（We have learnt another verb which can be used to describe something comes out from somewhere in very large amounts.）逐步认知这些不同词汇之间的语义区别。如果学生依然不能说出正确的词汇，教师就可以使用多媒体短片形象地展示"pour"这个动作，帮助学生最终挑选出这个词。

二、引导学生观察细节[①]

观察是一个人认识事物的重要途径，是智力活动的基础，也是完成学习任务的必备能力。观察是思维的触角，对于学生来说，良好的观察能力能帮助他们获得更多的知识和经验。苏霍姆林斯基说过："观察对于儿童之必不可少，正如阳光、空气、水分对于植物之必不可少一样。在这里，观察是智慧的最重要的能源。"所以培养学生的观察能力，对于学生的发展是非常重要的。巴甫洛夫曾说："观察，观察，再观察。"观察力是学生学习必不可少的能力，教师应掌握方法，培养学生良好的观察习惯和观察能力。

观察是信息的输入，写话是信息的输出，输入与输出之间的桥梁就是理解。如果没有正确的理解，写出来的内容很可能就是错误的；如果没有彻底的理解，写出来的内容很可能就是不完整的。那么，抓住什么才能完整彻底地写出图片的内容，答案只有一个：细节，图片中的细节。

所谓细节，就是构成人物性格、事件发展、故事情境等的最小的元素，整个故事的发展和推进，都是由许许多多的细节来完成的。人们常有这样的体验：看过很多电影，往往故事的基本情节、主人公甚至片名都忘了，却唯独对有些细节念念不忘。电影中精彩生动的细节确实容易让人记忆犹新。细节犹如故事发展过程中的一个个零件，要想做好看图写话，首先得读懂这些细节。

细节可以分为场景细节、语言和声音细节、情景变化细节等。

1. 场景细节

引导学生观察图片中的场景，抓住图片中的细节，打开思维的大门，理解透彻图片展示的内容。

在图 4–2 中，教师可以通过提问等方式引导学生关注如下几个细节。

（1）主人公（Gork）的身高与山洞洞口的大小。对比之后，学生会想到 Gork 因为身形巨大，无法进洞去追（Captain King），进而领悟到 Captain King 为了摆脱 Gork 的追击而想出的这个计谋是多么高明。

（2）图片右下角有三个士兵在追赶 Gork，旁边还有三辆坦克，而 Gork

---

① 以下图片来自《牛津英语》（上海版）8A U5。

正奔向他的宇宙飞船。由此，学生可以推导出 Gork 正打算逃走。

图 4–2　场景细节

2. 语言和声音细节

如果没有语言或声音，仅仅依赖图片也能理解图片的内容，了解故事的情节。但是，当图片被赋予声音和对话内容的时候，会发现整个内容更丰富，人物形象更鲜明。

图 4–3　语言细节

在图 4–3 中，有如下对话：

Gork: I'll be back for you.

Captain King: I'll be waiting for you, Gork.

语言虽然简单，却足以体现出两人的心理状态和个性特征。Gork 生气了，言语中充满没有能够报仇的挫败感，以及将继续报仇的决心。Captain King 很开心，从他的回答中能清晰而充分地感受到他的勇敢和自信。形容词和副词所表达的内容都是读者通过观察细节，作用于大脑，最终在大脑中产生的。学生捕捉到这些细节，在输出的环节就可以适当地使用 angrily、confidently 等词准确形象地描写出图片的内容。

另外，声音细节也是理解图片内容非常重要的一部分。

图 4–4　声音细节

图 4–4 中 crash、tinkle 这些拟声词，实际上就是在告诉读者门外有事情发生，这件事情对故事的发展可能还至关重要。“门外发生了什么？”教师要引导学生回答这个问题，并且将其写到纸上。

细致入微的、典型的声音细节有着强大的创造力。声音的细节不仅给故事增添了“气氛”，更推动了故事情节的推进。这些内容，都应该在写作之前存在于学生的大脑里。

3. 情景变化细节

通过对比，可以引导学生读到更丰富的内容。情景的变化使得整个故事“动”起来，这些细节也是看图写话非常重要的部分。

图 4–5　情景变化细节 1

图 4–6　情景变化细节 2

图 4–7　情景变化细节 3

综合以上三张图片，学生应该获取以下信息：(1)Captain King 开车进了山洞；(2)Gork 的飞船太大不能进山洞；(3)即便舍船，Gork 也无法进洞追 Captain King，因为其体型太庞大。

在收获了这些细节之后，引导学生利用高阶思维进行分析，得出如下内容：(1)Gork 复仇计划失败，他很失望，很沮丧；(2)Captain King 成功躲过 Gork 的追杀，他很聪明。总之，情景变化的细节所提供的信息是非常丰富的。

通过观察图画的细微之处，能够领会丰满的、富有个性的人物形象。细节可以推动冲突的发展和故事情节的转换。细节可以以小见大，架构起整部作品的结构。

只有充分理解细节，才有内容可写。

案例：关注细节的教学片段

1. 课堂活动设计

T: Look at the picture and have a guess. What were Jane and her father doing ?

S: They were getting 100 yuan from the ATM machine.

T: Can you describe it in detail? How did they get the money?

S: ...

T: **Look carefully, What was in Jane's father's hand?**

S: A card.

T: So how to get the money by using the card?

S: Jane's father put the card into the ATM machine, and 100 yuan came out.

T: Now let's help Jane finish the ending of her story.

Let me show you the last picture .

Who is this guy?

S: Jane's father's friend.

T: Pay attention to the detail. **This man was wearing a suit and tie. And he said "thank you" to Jane's father**.

S: He is the man who works in the bank.

S: He is the manager of the bank.

T: So who wants to share the ending with us?

S: The manager took the notes.

T: The manager took the notes. You mean the manager wrote down the important information?

S: Yes.

T: Look at the picture again. What's this? Ten thousand yuan. How did they know that?

S: They counted it.

T: So tell us the ending again, please.

S: The manager counted the notes. There was exactly ten thousand yuan.

2. 设计说明

在教学过程中，教师引导学生关注图片中人物手上的物品。用两个问题"What was in Jane's father's hand?""How did they get the money?"引导学生了解到"Jane's father put the card into the ATM machine, and 100 yuan came out"。对于第二幅图，教师提出了"Who is this guy?"这个问题，学生以教师的问题为指引，观察图片中的人物，得出结论"Jane's father's friend"。很显然，这个结论是不正确的。然后教师继续引导"This man was wearing a suit and tie"并提醒学生关注语言细节"And he said 'thank you' to Jane's father"。最终，学生在教师的帮助下弄清了整个故事的情节。

第三节　综合运用

一、案例分享

一堂好的看图写话的课需要教师综合运用多种微技能。接下来以 2016 年上海市北海中学姚璐老师的一节看图写话课为例，了解如何运用微技能指导学生进行看图写画。这个故事主要讲述一名小男孩 Jerry 在家里着火的情况下，如何利用自己的智慧，帮助骨折的妈妈脱离危险。虽然故事情节不是很复杂，但学生要通过观察图片运用合适的词表达整个故事的发生、发展、高潮和结束还是有困难的。

图 4–8　故事情节

在指导选词方面，针对第一幅图，姚老师和学生有如下的对话：

T: ... It was very urgent. He just walked to the phone?

S: No.

T: How did he get to the phone? Is it very urgent? He was nervous and scared.

S1: He ran to the phone.

T: Yes. He ran to the phone. Any other idea? How did he get to the phone?

S2: He rushed to the phone ...

在这个教学环节中，姚老师抛砖引玉，首先给出了“walk”，walk 显然不是看到家里着火并且妈妈躺在床上不能动这一情况下 Jerry 该有的行为。所以姚老师继续引导，突出了 urgent、nervous、scared 这三个词，学生马上领会，顺着老师的指引，激发头脑风暴，有学生想到了“... ran to ...”，后面还有学生想到了一个更好的词“... rush to ...”。从 walk 到 ran 再到 rushed，通过头脑风暴，学生精益求精，思维水平不断提升。

在关注细节方面，姚老师制定了表格，引导学生从环境、动作、情感等方面观察细节，再用适当的语言进行表达。

Activity 1: Tick the element(s) you want to describe and discuss the key words.

	Picture 1		Picture 2		Picture 3		Picture 4	
Environment	√	... was on fire	√	was filled with smoke ...				
Action	√	rushed ...	√	covered ...				
Feeling	√	was frightened ...	√	was worried ...				
Dialogue			√	Don’ t worry...				

在回答核心问题“How did Jerry help the fireman save his mother?”时，姚老师用线条圈出一个情境的小变化，提醒学生关注一个虽小但至关重要的细节。

图 4–9　情景细节标示

二、实战演练

1. 请您根据下图，确定在进行看图写话指导时，会强调哪些细节。

图 4–10　看图写话

2. 请您从教材的 writing 部分任选一篇图片写作，设计一份“引导学生观察细节”或者“指导选词”的教学指导案例。

拓展资源

推荐两本看图写话方面的书籍：朱萍主编的《初中生英语写作指南》，汤青主编的《高中英语写作教学实践研究系列丛书》。

第五章

记叙文写作

Narrative writing

写作是运用语言反映客观事物、表达思想感情、传递知识信息的过程，是综合语言素养的体现。写作教学是初中英语教学的一个重要组成部分，然而它在实际教学中却是相对薄弱的一环。在初中学段，记叙文写作是学生英语写作学习的重点之一，因此教师迫切需要学会如何培养学生的记叙文写作能力。本章主要介绍并演绎初中英语记叙文写作教学中常见的三种写作微技能，即使用感官细节、添加对话以及选择行为动词。

第一节　记叙文写作

一、提高记叙文写作能力的必要性

英语写作在初中生的英语学习中占有很大的比重，书面表达是中学生学习英语应掌握的一项基本技能。《上海市中小学英语课程标准（征求意见稿）》在“课程阶段目标”中，关于初中毕业时学生需要达到的“写”的能力目标如下。

表 5–1　初中毕业生需达到的“写”的能力目标

三级	四级
能书写一般文体的短文，进行简单描述和表达个人喜好，拼写和标点正确。	能写日常生活中常见文体的作文。

在“内容与要求”中，又提出了如下较为具体的要求。

表 5–2　初中毕业生需达到的“写”的能力目标的具体要求

分级	语言技能目标
三级	1. 能在 10 分钟之内听写 100 个左右单词的语言材料，正确率不低于 80%。 2. 能填写简单的表格，能书写简短的信件等。 3. 能根据要求写不少于 60 个词的短文，意思连贯，语言基本正确。
四级	1. 能在 10 分钟之内听写 100 个左右单词的语言材料，正确率不低于 90%。 2. 能填写表格，能书写简短的信件等。 3. 能根据要求写不少于 80 个词的短文，意思连贯，语言基本正确。

我国《义务教育英语课程标准（2011 年版）》对初中各年级学生的英语写作能力提出了十分明确的标准要求。

表 5–3　课程标准中对初中生英语写作能力的要求

分级	语言技能目标
三级	1. 能正确使用常用的标点符号。 2. 能使用简单的图表和海报等形式传达信息。 3. 能参照范例写出或回复简单的问候和邀请。 4. 能用短语或句子描述系列图片，编写简单的故事。
四级	1. 能正确使用标点符号。 2. 能用词组或简单句为自己创作的图片写出说明。 3. 能写出简短的文段，如简单的指令、规则。 4. 能在教师的帮助下或以小组讨论的方式起草和修改作文。
五级	1. 能根据写作要求，收集、准备素材。 2. 能独立起草短文、信件等，并在教师的指导下进行修改。 3. 能使用常见的连接词表示顺序和逻辑关系。 4. 能简单描述人物或者事件。 5. 能根据图示或表格写出简单的段落或操作说明。

《上海市初级中学英语学科教学基本要求（试验本）》则从“语篇”学习的角度，多次提到了对本市初中毕业生英语写作能力的要求。例如：就日常生活中的话题和需要，灵活运用记叙文完成口头或书面表达；掌握常见应用文的文本格式，就日常生活中的话题和需要运用恰当的应用文进行口头或书面交际；在口头和笔头表达时，要根据语言交际的目的和需求，围绕语篇话题，运用所学语言知识进行规范、准确、全面的表达，做到重点突出、目的明确；等等。

从以上的课程标准和学科教学要求中不难看出，初中学生英语写作学习的目标主要是学会“使用日常生活中的常见文体”，能够“简单描述人物或者事件”，特别是能够“就日常生活中的话题和需要，灵活运用记叙文完成口头或书面表达”。这就使记叙文写作教学成了初中英语写作教学的重点。

事实上，从上海历年中考的英语作文命题中也不难发现，中考对学生写作能力的考查重点也是描写日常生活中的人物或者事件，并表达个人情感及观点等方面。下面是近十年上海中考英语作文的命题。

There’s always hope(2017)

I'm ready ________ (2016)

I want to invent ________ (2015)

This time next year (2014)

How to protect myself (2013)

Write a letter in at least 60 words according to the given situation. (2012)

(Suppose you are Joe. Your friend Betty is upset about a coming exam for she cares too much about the result. What do you think? Try to offer her some advice.)

I'm a member of ________ (2011)

I'm proud of myself (2010)

I want to do something for my school (2009)

Love around me (2008)

Things I hate to do (2007)

二、记叙文写作的定义

记叙文是各类记叙性文体的总称，它是以叙述为主要表达方式，以人物的经历和事物发展变化为主要内容，来反映丰富多彩的现实生活的一种文体。记叙文的主要特点是通过生动形象的事件来反映生活以及表达作者的思想感情；文章的中心思想蕴涵在具体材料之中，并通过对人、事、景物的生动描写来表现。常见的记叙文文体有故事、游记、通讯、新闻报道、历史、人物传记、日记等。①

记叙文写作是最基本、最常见、最重要的书面表达形式，但是绝大多数中国学生对英语记叙文写作的掌握情况并不好。很多学生学了十二年英语，都无法做到用英语讲述一个完整的故事，更别说让文章具有很强的表现力。客观地说，书面表达一直是英语教学的难点，也是学生学习的难点。出现这样的问题，原因何在？下面先来看看那些以英语为母语的孩子是怎样学习写作的。

① 徐宏亮，杨玲．英语基础写作教程［M］．合肥：安徽大学出版社，2012.

在《美国语文》中学课本中,《第一次美洲航海日志》讲述的是十五世纪克里斯托弗·哥伦布发现新大陆的故事。哥伦布在他的探险日志中，对他登岛后的所见所闻进行了生动的描述，使读者身临其境。

Groves of lofty and flourishing trees are abundant, as also large lakes, surrounded and overhung by the foliage, in a most enchanting manner. Everything looked as green as in April in Andalusia. The melody of the birds was so exquisite that one was never willing to part from the spot, and the flocks of parrots obscured the heavens.（到处是高大茂盛的小树林，还有四周绿树环绕，浓荫覆盖的大湖，景色优美迷人。整个世界就像四月的安塔路西亚一样青翠欲滴。鸟儿歌声动听，让人不忍离去，成群的鹦鹉连天空都能遮没。）

在该课的课后写作训练中，要求学生模仿哥伦布在日志中的写作技巧，想象哥伦布见到的自然风光，列出他可能碰到的热带风光、声音、触觉、气味和味道。也就是说，在描述的时候，尽可能多地纳入感官细节。通过细节来表现哥伦布所发现的美丽新世界，使得读者感受到他们没有亲身经历的事件。很显然，美国孩子在学习作文时，也是先从记叙文这样基本、简单、普遍、常见的文体着手，在写作过程中强调对细节的捕捉与描写，以达到让文章更有表现力的目的。

那么，我们中国学生又是如何学习写英语作文的呢？在初中阶段，主要学写记叙文，如自我介绍、我的家庭、我的老师、我的好朋友、我最喜欢的季节、一次春游活动、看图写话等。这些写作主题大多贴近学生的日常生活，初中学生也有一定的语言组织能力来完成基本的叙述。但是，他们的写作往往缺乏生动形象的语言，不能将人物、事件、景物存在与变化的具体状态进行精细的描绘，也就不能使读者产生一种如见其人、如闻其声、如临其境的感觉，难以留下深刻的印象。可见，记叙文如果缺少细节描写就会平淡苍白、主题不突出、形象不鲜明、情节不感人。因此，如何指导学生在英语记叙文写作中，组织叙述内容及优化叙述语言成了初中英语教师在摸索实践记叙文写作教学过程中的一个重要课题。

三、记叙文写作微技能的分类及功能

大量的教学实践证明，英语记叙文写作能力的提高可以通过一系列写作微技能的训练来促成。下面为常见的记叙文写作微技能。

1. 组织六要素

记叙文的叙述内容一般有六要素，即时间、地点、人物、事情的起因、事件的经过和结果。在英语记叙文写作中，六要素经常用五个“W”和一个“H”来表示，即“What happened?”“When did it happen?”“Where did it happen?”“Who was involved?”“How did it happen?”“Why did it happen?”。记叙文往往会通过对人物的描写或事件的叙述来表达作者的思想感情，因此除了六要素以外优秀的记叙文写作经常也会涉及以下两个内容，即“What did I feel?”和“How did it make me feel that way?”。

2. 确定叙述的人称

记叙文的人称可以表明作者写作的角度，使读者有明确的认识。英语的记叙文一般以第一或第三人称的角度来叙述。第一人称，能够使文章真实生动，便于直抒胸臆，使读者有真实感和亲切感；第三人称，能客观地展示内容，写作不受时空限制，有利于自由表达。一般来讲，同一篇记叙文中叙述的人称必须一致，无论用第一人称叙述还是用第三人称叙述都要通篇一致，一般不宜随意转换。

3. 确定叙述的时态

记叙文讲述的大多是过去已经发生的活动或事件，因此用过去时态（一般过去时、过去进行时、过去将来时、过去完成时）的作品比较多。但有时为了使文章显得更加真实、亲切和生动，也可以使用现在时态（一般现在时、现在进行时、现在将来时、现在完成时）。要注意的是，每篇记叙文都应有一个基本的时态贯穿整篇文章。

4. 选择叙述的顺序

记叙文一般都是以时间为主线来组织所要叙述的内容，使读者对文章中的人物或事件有一个比较清晰的了解。记叙文的结构安排通常有三种形式：正叙、倒叙和插叙。正叙是英语记叙文中最常用的一种结构，即以人物出现、活动或事件开始发生的时间点作为记叙的起点，然后按照人物活动的开展、事件发展的自然顺序进行叙述。倒叙和插叙这两种结构在初中英语记叙文写作中较少使用。

5. 添加人物对话

在叙述的故事中添加主要人物的对话是一种提高记叙文表现力的好方法。人物对话是塑造人物形象的重要手段之一，对话的运用可以更加客观、生动地反映人物的性格、品质和心理状态。人物之间生动有趣、形式灵活的对话，会使平淡的文章变得生动活泼起来。但是，如果大段的对话描写只用一种表达形式，也会使文章显得呆板和单调。如能灵活运用多种形式，就可以使文章的语言更加自然活泼，进而使文章思路更加紧凑。同时，记叙文写作还要注意对人物的神态进行刻画，这样可以使读者闻其言、观其神，更富有感染力。

6. 使用感官细节

感官细节主要指的是听觉、视觉、嗅觉、味觉和触觉等方面的感知内容。感官细节在记叙文写作中有很大的用武之地，细节出自观察，用眼睛看、用耳朵听，用心去感受、用脑袋去思考。“听人言、观人行，说自己的话、想自己的事”，这都需要调动写作者的五官去感知。感官细节的描写能够更丰富地表现事物。使用感官细节时应注意并不是每一篇文章都要动用所有的五种感觉，五种感觉的出现顺序也不是固定的。

7. 选择行为动词

行为动词是描述身体或思想行为的动词，它可以告诉读者人物在做什么或在想什么。合理地使用动词，能够让句子更有力，让观点表达更贴切到位，使文章增加说服力，提高可信度。

初中英语记叙文写作微技能大致可以分为两类。一类的功能主要是完善叙述内容，例如组织六要素、确定叙述的人称、确定叙述的时态及选择叙述的顺序；另一类的功能主要是优化叙述的语言，例如添加人物对话、使用感官细节及选择行为动词。在常规的初中英语写作教学中，教师一般主要关注的是如何指导学生选择、确定并完善叙述的内容，而忽略了培养学生优化语言表达的能力，这也是导致我国初中生与以英语为母语的学生相比在英语记叙文写作中存在较大差异的主要原因之一。本章主要介绍三种可以优化叙述语言的记叙文写作微技能，即选择行为动词、使用感官细节、添加人物对话。

第二节　记叙文写作微技能

训前思考

1. 在记叙文写作中使用行为动词具有什么优势？
2. 如何提高学生在记叙文写作中使用感官细节的能力？

一、选择行为动词

"在艺术语言中最重要的是动词，因为全部生活都是运动。要是你找到了准确的动作，那你就可以安心地继续写你的句子。"——阿·托尔斯泰

（一）定义

行为动词即实义动词，是表示动作的动词。它与系动词是相对的，因为系动词描述的是某种稳定的状态。系动词本身有词意，但不能单独用作谓语，后边必须跟表语。行为动词意思完全，能独立用作谓语。在英文表达中，以实义动词的主动形式最为生动、有力，气势最强。在记叙文写作中，一个恰当的实义动词往往发挥着提亮、点睛的作用。

行为动词在各类文章中通常都处于最重要的位置。在正常情况下，句子的主要信息会出现在谓语部分里，而谓语部分的中心词里最常见、最重要的就是动词。记叙文不管是写人还是叙事，最大篇幅的内容通常都是叙写人物各种活动的，因此要写好记叙文就得把人物写活，要写活人物就得把人物的行为动词放在首要地位。可以说，动词的运用对于叙写人物具有举足轻重的作用。

下面举一个例子来说明行为动词的重要性。请试着比较以下两个句子：

（1）He was very, very angry. 他非常非常生气。

（2）His face turned red, and one corner of his mouth twitched as he tried to control his anger. 他的脸涨得通红，嘴角抽搐着强压着怒火。

很明显，第二句使用了恰当的动词对人物进行具体生动的细节描写，其表现力远远超出第一句中一个简单的形容词与两个重复的程度副词所表达的效果。第二句中的动词能够为读者呈现出一个生动形象的画面，而不是一个抽象的概念。由此可见，选择恰当的行为动词作为记叙文写作中的一项重要技能，对加强文章的表现力发挥着重要的作用。

行为动词的存在使得文章富有动感，而这种能让人物形象立体、故事情节生动的"动感"正是优秀记叙文所追求的。在英语中，行为动词具有时态、语态、谓语动词和非谓语动词等表现形式，所以就更能醒目地体现出这种动感。因此，多用动词，特别是动态感强的动词是优秀英语记叙文的一个明显语言特点。

（二）案例及设计说明

案例一："选择行为动词"教学片段一

（文本）

Sample A: Finally, our class won the game. We were so excited!

Sample B: Finally, our class won the game. We clapped our hands and screamed at the top of our lungs.

1. 课堂活动设计

Step 1

Compare the two samples.

T: Last week, our class won a basketball game. Many students wrote about it in the writing and they wrote in different ways. Let's have a look at two examples.

T: Which sample is more vivid（生动的）? Which sample is more detailed（细腻的）?

Step 2

Find the action verbs in Sample B.

Step 3

Analyze the benefits of using action verbs in narrative writing.

T: The writer of Sample B used two action verbs instead of saying ‘We were excited.’ directly. In this way, he showed us a picture of what they did to express their feelings. It’s clearer, stronger and more convincing（令人信服的）.

Step 4

Revise the sentences with proper action verbs.

1. The wind was strong.

The wind ________ fiercely.

2. Kitty is on the chair.

Kitty ________ into the chair.

3. Grandpa was happy when people said his little grandson looked like him.

Grandpa ________ with pleasure when people said his little grandson looked like him.

T: Remember, action verbs usually give more color, more passion and more feelings to our words. They make our readers more engaged and interested in what we write.

2. 设计说明

本活动的目的是让学生通过几组同义句的对比来体会行为动词在叙事过程中表现人物情感的重要作用。教师在学生的习作中选择了两个具有代表性的句子，一个句子使用了形容词 excited，另一个句子使用行为动词词组 clapped our hands and screamed at the top of our lungs 来描述赢得比赛的激动心情。教师首先让学生对比两个句子哪一个更为生动细腻，让学生各抒己见，表达自己的感受。接着，让学生找出例句 B 中的行为动词，并让他们模仿句中的动作，引导他们体会行为动词能使描述更具有画面感，体现的情感更真实也更强烈。最后，让学生朗读并对比三组句子。在第一组和第三组句子中分别让学生把形容词 strong 和 happy 用恰当的行为动词词组 blow fiercely 和 smile with pleasure 来替换。在第二组句子中，将介词短语 on the chair 用行为动词词组 lie comfortably 替换，帮助学生更深刻地领悟行为动词给语言赋予的更丰富的色彩和更充沛的情感。

案例二："选择行为动词"教学片段二

（文本）

Today my dad and I were waiting for the ferry when suddenly we heard a big argument. Two women tourists and a young man were shouting at each other. The man held out a bag, and showed everyone that it was empty.

The crowd stared at the three people. No one knew what was happening.

选自《牛津英语》（上海版）8A Dealing with trouble

1. 课堂活动设计

Step 1

Find the action verbs in the text.

Verbs: *waiting for, heard, shouting at, held out, showed, stared at, knew*

Step 2

Re-arrange the sentences.

A. *The man held out a bag.*

B. *My dad and I were waiting for the ferry.*

C. *The crowd stared at the three people.*

D. *Two women tourists and a young man were shouting at each other.*

E. *My father and I heard a big argument.*

F. *The man showed everyone that his bag was empty.*

G. *No one knew what was happening.*

1. _____ 2. _____ 3. _____ 4. _____ 5. _____ 6. _____ 7. _______

Step 3

Compare the sentences to find out the function of using proper action verbs.

A. Two women tourists and a young man were shouting at each other.

Two women tourists and a young man were angry at each other.

B. The man held out a bag, and showed everyone that it was empty.

The man told everyone that his bag was empty.

C. The crowd stared at the three people.

The crowd looked at the three people.

2. 设计说明

本活动的目的是让学生在教师的引导下分析记叙文中实义动词在展现叙事情节过程中的重要作用。首先，教师让学生找出段落中的实义动词或动词词组 heard、shouting at、held out、showed、stared at、knew。通过对这些动词时态的分析可以看出事件发生在过去。接着，教师将文本的内容打乱，让学生根据句子中的实义动词来判断事情发生的顺序，以此加深学生对实义动词在展现叙事情节中的作用的认识。最后，让学生对三组同义句进行对比，让他们更深刻地领悟到恰当地使用行为动词不仅能够帮助推进故事情节，而且还能给语言赋予更丰富的色彩和更充沛的情感。

二、使用感官细节

“好的（文学）作品，往往能让我们感受到，作者的眼睛是睁着的，鼻子是灵敏的，耳朵是竖起来的，舌头也是生动的。”——谢有顺

（一）定义

感官细节指的是通过视觉、听觉、嗅觉、味觉及触觉五种感官进行描述的内容。它们使叙述内容更真实、生动，让读者更好地理解文本内容，身临其境，从而与作者产生情感的共鸣。

感官词语是人类感知世界的直接产物。人类对所处环境最直接的体验和感知会通过人的感觉器官来反映，即人的味觉、嗅觉、听觉、触觉和视觉，从而能够全方位地、立体地对所描写的人或物的形象进行逼真的展现，增强文章的生动性。感官词语详细的分类与人的感觉器官相对应，即味觉词、嗅觉词、听觉词、触觉词和视觉词。借助感官词语在听觉、视觉、味觉、嗅觉和触觉方面给读者以最直接的冲击和触动，所描写的对象才能够栩栩如生、特征鲜明，持久地保留在读者心中。

在日常教学中，教师除了利用解读文本的契机来培养学生使用感官细节的意识，还应该设计一些相关的小练习，帮助学生提高在记叙文写作中运用感官细节的能力。例如，请学生观察一组句子，判断哪一句中含有 sensory details；或者，提供给学生一组和 sensory details 相关的词汇，让学

生进行分类练习，帮助学生更熟练地运用感官词汇。

（二）案例及设计说明

案例一：“使用感官细节”教学片段一

1. 课堂活动设计

Step 1

The five senses are **hearing**, **smell**, **sight**, **taste** and **touch**. Match them with the pictures below.

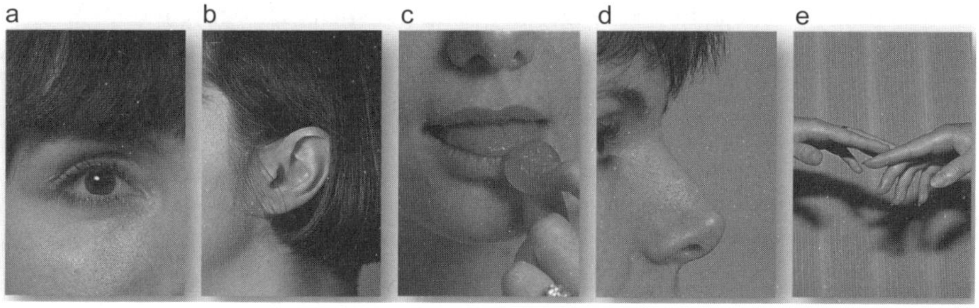

hearing (　　)　smell (　　)　sight (　　)　taste (　　)　touch (　　)

Step 2

Sort each sensory word according to the sense that it relates to.

bitter	bright	cloudy	fruity	salty	sticky
fragrant	rough	sweet	green	buzzing	stinky
upset	spicy	excited	smooth	dark	fresh

Taste

Touch ______________________________

Sight ______________________________

Sound ______________________________

Smell ______________________________

Step 3

Choose the sentence that uses sensory words.

(　) 1. A. Stacey was eating cereal.

B. The towels smelled lemony fresh.

C. The cafeteria was serving hamburgers.

D. My mother drinks coffee in the morning.

(　) 2. A. I go and see the firework every Fourth of July.

B. Beaming flashes and showers of brilliant colors magically light up the night sky.

C. Many people are watching them.

D. One year, the fireworks were rained out.

(　) 3. A. The cat's coat was silky soft, and smelled of kitty litter.

B. I petted the cat for a long time.

C. The cat was a Siamese.

D. The cat scratched my face.

(　) 4. A. They had steak for dinner.

B. I asked for mashed potatoes, gravy and peas.

C. Our neighbours are barbecuing hot-dogs.

D. The spicy, mouthwatering aroma came from their backyard.

2. 设计说明

本活动的目的是让学生通过几个小练习来了解什么是感官细节的描写，为今后在记叙文写作中进行感官细节描写奠定良好的基础。教师首先以配对练习的形式让学生分辨人类的五大感官：视觉、听觉、嗅觉、味觉和触觉，让学生对人的五种感官有一个初步的认识。接着，让学生对所给出的词语进行分类，在帮助学生进一步理解什么是感官动词的同时，帮助学生积累感官细节描写所需的词汇。最后，给出一系列句子，让学生辨析哪些句子运用了感官描写，并在此基础上感受感官词语在听觉、视觉、味觉、嗅觉和触觉方面给予读者最直接的冲击和触动，体会它们能使事件的叙述更加真实、生动、充满活力。

案例二："使用感官细节"教学片段二

（文本）

Today my dad and I were waiting for the ferry when suddenly we heard a big argument. Two women tourists and a young man were shouting at each other.

The man held out a bag, and showed everyone that it was empty.

The crowd stared at the three people. No one knew what was happening.

My dad moved through the crowd and said quietly to one of the women, 'What's going on?'

'They stole my friend's purse,' said the woman. 'We were in the bookshop, buying postcards. Three young men started talking to us. Suddenly my friend noticed that her purse was gone. Two of the men ran away. We followed this man here.'

Then the gates opened. The man hurried aboard, and the two women tourists went after him.

'Wait,' said my dad. 'Let's take the next ferry.'

This was strange. Was my dad afraid of that man? I followed him to a shop nearby.

选自《牛津英语》（上海版）8A Dealing with trouble

1. 课堂活动设计

Step 1

Read the text.

Step 2

Find out how Paul created a specific experience.

(by gathering sensory details.)

What did he see/hear/think/feel?

T: Paul told us what he saw, what he heard, what he thought and how he felt. He tried to relate the event with senses. Paul used sensory details to create a vivid scene for readers.

Step 3

Writing: On my way to school

Use sensory details to create a vivid scene while writing.

On my way to school

2. 设计说明

本活动的目的是让学生通过对文本内容的分析，理解感官细节的描写在叙事过程中的重要作用，并在此基础上进行仿写练习。教师首先让学生阅读文本，初步了解文本内容。接着，让学生思考并回答一系列问题“What did Paul see when he was waiting for the ferry?”“What else did he see?”“What did he think?”“How did he feel?”以此来让学生找到文中进行感官细节描写的句子，并学习在记叙文写作中如何进行感官细节的描写。在此基础上，让学生以 On my way to school 为主题进行仿写，把上学路上的所见、所听、所感记录下来，让他们在实践中体验如何通过使用感官细节为读者提供真实生动的阅读感受。

三、增加对话

“所有的事情只与作家怎样操纵对话，使它听起来更真实并能推动故事的发展息息相关。”——詹姆斯·麦金利

（一）定义

对话描写在记叙文写作中起着非常重要的作用：丰富故事内容，使叙述更真实、生动；刻画人物性格，使每个人的表现都活灵活现，跃然纸上；推动情节发展，使情节更加引人入胜。

引用故事情节中主要人物的对话是记叙文提高表现力的一种好方法。适当地用直接引语代替间接的主观叙述，可以客观生动地反映人物的性格、品质和心理状态，使记叙生动、有趣，使文章内容更加充实、具体。[①] 请试着比较下面两段话的叙述效果。

① 刘健，施志红．初中英语写作教学活动设计［M］．上海：上海教育出版社，2017.

I was in the kitchen, and I was cooking something. Suddenly I heard a loud noise from the front. I thought maybe someone was knocking the door. I asked who it was but I heard no reply. After a while I saw my cat running across the parlor. I realized it was the cat. I felt released.

这本来应该是一段故事性很强的文字，但作者这样写就不那么吸引人了。原因是文中使用的都是平淡的叙述模式，没有任何人物语言，把文中的紧张感和悬念感都稀释了。如果通过增添语言来改变一下叙述模式，是否会使文章的表现力有比较大的提高呢?

I was in the kitchen cooking something. “Crash!” a loud noise came from the front. Thinking someone was knocking at the door, I asked, “who?” No reply. After a while, I saw my cat running across the parlor. “It’s you.” I said, quite released.

因此，为了提高记叙文的表现力，可以在叙述时间时加入人物对话。人物对话将单调的事件陈述转变为形象的事件再现；人物对话能推动情节发展，加强事件的真实性，拓展文本内容的想象空间，使事件和人物更丰富有趣。“如闻其声，如见其人”，读到对话更能让人身临其境地想象故事画面和人物形象。

（二）案例及设计说明

案例一：“增加对话”教学片段一

（文本）

My dad moved through the crowd and said quietly to one of the women, ‘What’s going on?’

‘They stole my friend’s purse,’ said the woman. ‘We were in the bookshop, buying postcards. Three young men started talking to us. Suddenly my friend noticed that her purse was gone. Two of the men ran away. We followed this man here.’

Then the gates opened. The man hurried aboard, and the two women tourists went after him.

‘Wait,’ said my dad. ‘Let’s take the next ferry.’

This was strange. Was my dad afraid of that man? I followed him to a shop nearby.

He picked up the phone and quickly dialled 110.

'I want to report a theft. The man is on No. 3 Ferry now. It just left a few minutes ago. Please meet the ferry.' He gave more details, and then put the phone down.

选自《牛津英语》(上海版) 8A Dealing with trouble

1. 课堂活动设计

Step 1

Read and find dialogues in the text.

Step 2

Match the dialogues with the plots.

(　　) What's going on?

(　　) They stole my friend's purse. We were in the bookshop, buying postcards. Three young men started talking to us. Suddenly my friend noticed that her purse was gone. Two of the men ran away. We followed this man here.

(　　) Wait, let's take the next ferry.

(　　) I want to report a theft. The man is on No. 3 Ferry now. It just left a few minutes ago. Please meet the ferry.

A. My father helped catch the thieves.

B. My father had an idea.

C. My father asked about the incident.

D. The woman explained.

Step 3

Analyze the father's personalities with the dialogues.

Possible answers:

What's going on? (careful, calm...)

Wait, let's take the next ferry. (clever, smart...)

I want to report a theft. The man is on No. 3 Ferry now. It just left a few minutes ago. Please meet the ferry. (helpful, warmhearted, brave...)

Step 4

Write possible dialogues between Paul and his father at the end of the story.

Paul: ______________________________

Father: ______________________________

...

2. 设计说明

本活动的目的是让学生通过对文本中对话的分析，理解对话在叙事过程中推动情节发展和展现人物性格的重要作用。教师首先让学生阅读文本并找出文中的对话。接着，让学生以配对的形式利用文中的对话来梳理故事的情节。对话由父亲的询问引出，直接交代了女游客失窃的过程，推动了故事情节的发展。这种以人物对话来推动故事情节发展的方式条理清晰，便于理解。随后，让学生再一次阅读并分析父亲的语言，总结出父亲热心、勇敢、果断、聪慧的人物性格，理解对话在反映人物性格特征和情绪态度中的作用。最后，让学生续写课文，添加 Paul 和父亲之间的对话，以 Paul 的身份表达对父亲的敬佩和赞美，实践如何在记叙文写作中运用对话表达情感、塑造人物性格、推动情节发展。

案例二："增加对话"教学片段二

（文本）

My crew and I quickly ran among the kangaroos. Gork said, 'Nobody, I know you're hiding among my kangaroos. I'll get you. You're finished, all of you.'

He opened the cave door a little and told his kangaroos to go out one by one. As they hopped through the door, he felt their backs with his hands to make sure we were not riding on them.

'What do we do now?' Peters whispered. 'We can't get out on the kangaroos. We're done for.'

'Don't panic, Peters.' I said. 'We can't get out on the kangaroos but we can get out in them. Here, get inside this one.' Peters climbed into the giant kangaroo's pocket. A few minutes later, he escaped through the door to freedom.

选自《牛津英语》(上海版)8A Nobody wins II

1. 课堂活动设计

Step 1

Read the text.

Step 2

Match the characters, words, plots and feelings.

Characters	Words	Plots	Feelings
Gork	Don't panic.	King had a good idea.	frightened
Peters	I'll get you. You're finished, all of you.	Peters didn't know how to escape.	calm
King	We can't get out on the kangaroos. We're done for.	Gork couldn't find Peters and King.	angry

Step 3

Analyze personalities from words.

Gork

I think Gork was ________ because he said '________________________.'

King

I think King was ________ because he said '________________________.'

Peters

I think Peters was ________ because he said '________________________.'

Possible answers:

(smart, calm, helpful, brave, clever, timid, crusty, silly, cruel ...)

2. 设计说明

本活动的目的是让学生通过对文本对话的分析，理解对话在叙事过程中推动故事情节、展示人物性格的重要作用。教师首先让学生阅读文本，初步了解课文内容。接着，让学生把人物、人物对话、故事情节以及人物感受进行配对，利用文中的对话帮助学生梳理故事的情节、体会人物的情感。最后，通过带领学生分析 Gork、King、Peters 的对话总结出 Gork 凶残，King 机智、勇敢，Peters 胆小懦弱的性格特征，从而了解作者在记叙文中如何通过对话来反映人物的性格特征和情绪态度。

案例三："增加对话"教学片段三

（文本）

It was my turn to give a report on my project in front of the whole class. I was very nerves because I was not used to speaking in public. Luckily, many people noticed that and all encouraged me. Their words greatly helped me. I made a successful report in the end.

1. 课堂活动设计

Step 1

Read and expand with proper dialogues.

My best friend said, '____.'

My parents said, '____.'

My class teacher said, '____.'

Step 2

Share and discuss if the dialogues are proper.

2. 设计说明

本活动的目的是让学生在实践中练习在记叙文中如何恰当地添加对话，使文章更生动、更真实。教师首先给学生分享了一篇学生习作，这篇习作内容比较完整，但平铺直叙不够生动，缺乏生气。因此，教师让学生分别以朋友、家长、老师的身份给文本添加对话，让学生感受人物对话在推进故事情节和揭示人物性格中的作用。最后，把学生的几篇习作进行对比讲解，让学生了解记叙文中的对话描写要注意人物的身份和说话的语气，这样才能准确地反映人物的性格特征和情感态度。

在日常教学中，教师可以设计改写或扩句等练习来训练学生在写作中运用对话的技巧。教师为学生提供一个具体、明确的语境，让学生补充符合语境的人物对话。在指导学生添加对话描写时，应该遵循以下三个原则。

第一，所选择的人物对话应能反映其性格特点和精神品质。个性鲜明的语言能够体现出人物的不同性格、身份等特征，也能袒露出人物的内心世界。

第二，人物对话应该明确一个中心或话题。一段对话应该紧扣一个中心或话题，这样才能使得文章思路清晰。初中英语写作的字数要求一般在80至120词左右，冗长而主题不明确的对话会使文章结构不够清晰。

第三，对话形式应该灵活多变，才能使文章生动活泼。灵活运用多种表达形式可以使文章的语言更加自然活泼，使文章思路更加紧凑。

第三节　综合运用

一、实战演练

讨论题：请根据所提供的阅读文本，完成记叙文写作微技能教学活动的教学步骤设计。

（文本一）

Blind man and eyes in fire drama

Part II

John tells us in his own words what happened next.

‘I was asleep. Charlie woke me. He was pulling at my blanket and barking. I smelt smoke! A fire! But where? Just then, the fire alarm went off. I went to the door of my room. I felt it. The surface was hot so I didn’t open it. The fire must be outside. I wet some towels and put them along the bottom of the door.

‘I tried the phone. It was dead. I coughed. A little smoke was getting past the towels. So I lay on the floor with Charlie beside me and waited. The minutes seemed like hours. Then I heard it — the sound of a fire engine. It was music to my ears.

选自《牛津英语》(上海版) 8A Blind man and eyes in fire drama

1. 参考设计

Step 1

John was blind. How did he know he was in a dangerous fire?

Find sensory details in his description.

Suggested questions:

What did he smell?

What did he hear?

How did it feel when he touched the door?

____

____

____

Step 2

Look and write.

Judy happened to see a bank robbery. Suppose you're Judy and try to describe the dangerous situation. Remember to use proper sensory details.

____

____

2. 设计说明

第一步，基于所给文本分析感官细节在记叙文写作中的作用。在文本的人物设定中，John 是一位盲人，陷入了突发的火灾事故。盲人缺乏视觉，在感知外界事物的时候更加依赖其他几种感官的功能。在教学训练中，教师应引导学生思考：John 如何得知发生了火灾？通过对 John 运用不同感官获得的信息进行分析梳理，便可理解文本内容如此安排的合理性，并领会使用感官细节可以使文本更加真实生动的作用。

第二步，在已知感官细节在记叙文写作中的作用后，要求学生进行相关的模拟运用——假设 Judy 遇到了一次银行抢劫案。这是一起紧急的突发事件，要求学生运用各种不同的感官细节真实生动地描绘出 Judy 目睹发生的一切。突出紧急性和危险性的答案为佳。

（文本二）

Aliens land on our world

Tina woke up at 3 a.m. She looked out of the window, on the twentieth floor of her building. She noticed a yellow light in the sky above her. It suddenly dived towards the ground. She heard a small explosion and saw a red light. Then, Tina felt very tired and fell asleep.

The next morning, she told her brother Tom about it. ‘I'm sure something landed in the forest near the hills,’ she said. ‘Let's explore it after school.’

At 6 p.m., they reached the forest and followed a narrow path between the trees. It was getting dark when they heard some voices. They hid behind some bushes and kept silent. They listened but could not understand anything.

Then they saw the alien! It was tall, with a round head and a silver body. It was walking next to a long spaceship. The ship was damaged. Many of the trees around it were burnt.

The children felt terrified. Then a second alien suddenly appeared. It saw them and made a terrible noise! The children fled and did not stop until they were safe at home.

During dinner, they told their parents about the aliens. ‘They were very ugly. They had some hair but they didn’t have any feathers,’ said Tina.

‘There was some writing on their spaceship,’ said Tom. ‘It looked like this.’ He drew some lines on a piece of paper.

Dad said, ‘No one else saw these aliens. You’re naughty! You must not make up stories. Now, go to bed!’

But the next morning, the children repeated their story. ‘We really saw something in the forest, Dad.’

‘Perhaps they’re telling the truth,’ said Mum.

‘All right,’ said Dad. ‘After school, go and report it to the police. Now, off to school!’

The children put their schoolbags on their backs and then opened the door. They spread their wings and jumped outside and flew to school together.

Dad examined the paper with strange marks.

‘It’s not like our writing at all,’ he said, as he looked at the word ‘EARTH’.

选自《牛津英语》(上海版) 8A Aliens land on our world

1. 参考设计

Step 1

(1) What unusual things did Tina see and hear at 3 a.m.?

She saw ____________________

She heard ____________________

(2) What would Tina say? (　)

A. What can I do now?

B. What was that?

C. We must tell Dad and Mum!

Step 2

(1) What did Tina and Tom do while they were exploring the unusual thing?

Choose proper verbs to fill in the blanks.

felt, saw, followed, stop, heard, reached, kept, listened, fled, hid

At 6 p.m., they ________ the forest and ________ a narrow path between the trees. It was getting dark when they ________ some voices. They ________ behind some bushes and ________ silent. They ________ but could not understand anything.

Then they ________ the alien! It was tall, with a round head and a silver body. It was walking next to a long spaceship. The ship was damaged. Many of the trees around it were burnt.

The children ________ terrified. Then a second alien suddenly appeared. It saw them and made a terrible noise! The children ________ and did not ________ until they were safe at home.

(2) What would Tina say? (　)

A. What can I do now?

B. What was that?

C. We must tell Dad and Mum!

Step 3

(1) Did Tina's parents believe their story? Find the sentence to support your idea.

____

(2) What would Tina say? (　)

A. What can I do now?

B. What was that?

C. We must tell Dad and Mum!

Step 4

Suppose you are Tina and you're writing today's unusual experience in the diary. Try to use proper sensory details, action verbs and dialogues above.

Something unusual happened at 3 a.m.

____

____

____

What was that?

The next morning, I told Tom about it. We decided to explore it.

____

____

____

"We must tell Dad and Mum!" I said to Tom.

During dinner, I told Dad and Mum about the aliens. However they didn't believe us. Dad even said, " ____

____

____*."*

What can I do to make them believe us?

2. 设计说明

首先，通过问答的形式引导学生找出文中的感官细节描写，体会作者如何利用主人公的所见所闻使故事情节更为逼真。接着，让学生根据文章情节为主人公添加对话，为理解下文做好铺垫并体会人物对话在故事情节中的推动作用。

通过选词填空的形式帮助学生梳理文中出现的行为动词，学习如何选择恰当的行为动词来呈现一个生动形象的画面。以问答的形式，让学生找出文中 Tina 父母的对话并添加 Tina 的回答，使学生再一次更深入地体会对话在体现人物性格和推动故事情节中的作用。

最后，给学生设计一个情景，让学生以 Tina 的身份描写今天不寻常的经历。在给出一些提示语的情况下，训练学生使用行为动词和感官细节来更真实地、绘声绘色地描述事件的发展，并添加合适的对话内容使故事更加引人入胜。

二、实战小贴士

选择行为动词、使用感官细节以及增加对话这三个记叙文写作微技能不是孤立地使用，在记叙文的实际写作过程中这三者应该是相辅相成的。

教师要指导学生在写作对话过程中注意标点符号的正确使用。比如，对话中的句号和逗号，永远在引号里面，或者说它属于直接引用的一部分。“他说”（he said）这样的对话提示词构成了它所在的整个句子的框架。它和它代表的直接引用部分，是一个整体，是一个句子。所以句号总出现在“他说”后面，因为那才是一个句子的结尾。这就是为什么在对话文本中，直接引用部分的结尾都是逗号。

拓展资源

（1）刘健、施志红主编《初中英语写作教学活动设计》。

（2）朱萍主编《初中生英语写作指南——世外中学名师教你写作文》。

（3）徐宏亮、杨玲主编《21世纪高等院校英语专业系列规划教材：英语基础写作教程》。

（4）丁往道、吴冰等编著《英语写作手册》。

（5）*Write Away: A workbook of creative and narrative writing prompts*，本书是系列丛书 *Adventures in Writing* 中的一本。

参考文献

[1] 傅丹灵，王志军．如何教写作[M]．上海：华东师范大学出版社，2012.

[2] 曹勇军，傅丹灵．中美写作教学对话十五讲[M]．上海：上海教育出版社，2018.

第六章

头脑风暴
Brainstorming

本章主要介绍初中英语课堂教学中常见的头脑风暴微技能。通过教学片段的课堂实录和设计说明，教师可以从中了解头脑风暴的优势和使用目的，学习头脑风暴的组织形式、要求与步骤，了解在头脑风暴过程中可采取的各类记录方式，学习运用不同的思维导图进行记录，从而将头脑风暴更科学有效地运用于自己的课堂教学中，有效地开展教学活动，为达成教学目标服务。

第一节　头脑风暴

一、头脑风暴的定义

头脑风暴（brainstorming）有时也译作“大脑风暴”，意为调动一群人围绕一个主题集思广益产生新观点的过程。头脑风暴起初是由美国创造学家 Alex Osborn① 提出的一种运用于商业界的会议技巧，指在一定时间内，通过大脑的迅速联想，就某一特定问题产生尽可能多的想法和假设，从而找到一种或多种解决办法的思维方法。

在英语课堂中开展头脑风暴活动的目的是为学生集中提供一个想象和思考的时间和空间，激活他们头脑中各种相关的图式，比如想法、概念、形象和印象等。它通常围绕一个特定的话题进行，教师作为指导者，鼓励学生积极思考，培养创造性的思维，以谈论与讨论的形式挖掘各种有用的信息并形成思路，然后在激活的想法中选择有意义的内容。

《牛津英语》（上海版）7B Module 2 的 Using English 板块中对“头脑风暴”作出如下定义：“Brainstorming is a way of putting ideas together in a meeting. We use this when we want to get lots of interesting new ideas ...We can use it when we are doing many of the speaking or writing tasks in this book.”。可见，头脑风暴在初中英语课堂，尤其是会话和写作课堂中，是较为有效的收集观点或语料的途径。

但有些课堂的 brainstorming 环节设计并不是非常合理，甚至有些多余。那么，在英语课堂中的哪些环节使用头脑风暴，可以达成相应的教学效果呢？

① Osborn, Alex. (1953). *Applied Imagination: Principles and Procedures of Creative Problem Solving*. New York: Charles Scribner's Sons.

二、头脑风暴在英语课堂中的运用

（一）课堂热身

头脑风暴作为热身活动，往往设置在课堂刚开始的 5 分钟内，主要是为课堂教学的主体阶段做准备，保障主体教学活动的顺利进行。由于热身活动旨在通过学生对相关知识和信息的联想，激发他们参与主体活动的热情，对问题答案或结论的准确性要求不高，因此既可以是做一个简单的调查，也可以是问几个与课堂主题相关的问题。

例如，在《牛津英语》（上海版）8B U5 Blind man and eyes in fire drama 中，可以先用类似 “What animals do you think are people’s friends?” 这种简单的问题引起学生的学习兴趣，营造较为轻松的课堂氛围，再以 “What can dogs help do to people?” 引导学生回顾曾学过的有关狗的旧知，引发他们对狗和人类关系的思考，随后课文中 John 和他的狗的感人故事由此展开。

可见在热身活动中使用头脑风暴具有以下几个优势：

（1）有助于复习和回顾已学知识。

（2）为学生提供展示个性和对已学知识作出不同理解和归类的空间。

（3）营造轻松、自由的气氛，避免复习带来的焦虑和压力，使学习事半功倍。

（4）体现合作学习理论，有助于培养学生的团队协作精神，促使他们对将学知识产生渴望。

（二）知识拓展

建构主义理论认为，教学过程中要充分展示知识的形成过程、能力的发展过程及思想的内化过程。英语教师应有意识地调动学生思维的主动性，进行语言知识的拓展。这类拓展通常发生在英语课堂的中间环节。

从知识体系看，语言知识扩展可分为上行扩展和下行扩展。

（1）上行扩展是指对已学知识的总结性归纳。例如，在习题中遇到 “How about doing sth.? ” 的句型时可以立即追问 “What other sentence patterns can you use to give suggestions? ”，再根据学生的回答总结出 “Why not do sth.?” “Shall we do sth.?” 等表达，帮助学生对已学知识进行归类，加深印象。

（2）下行扩展是指对将学知识的发散性拓展。例如，在《牛津英语》（上海版）7B U3 A visit to Garden City 一课中，教师在组织学生操练重点句型“be used for doing”时可以提出“What can a piece of paper be used for?”这一问题，让学生尽可能多地想出一张纸的作用，这样既为课堂注入了无穷的趣味，又能使学生对此句型进行充分的操练。

（三）思维训练

Alane Jordan Starko 曾说过：“当你需要大量观念的时候，头脑风暴是一种合适的策略；当你需要解决一个问题，或是想出一个新颖、具有独创性的观念时，头脑风暴尤为适合。”

头脑风暴还可用于训练学生的思维，培养他们运用已学知识解决实际问题的能力。作为开放性活动，头脑风暴经常用于议论文的写作指导，不仅能使学生的思维处于高度活跃的状态，而且能在提高其思辨性的同时帮助他们形成写作的论点和论据。另外，由于每个学生的知识背景、思维习惯、观察问题的角度和方法不同，头脑风暴可以促使他们相互启迪，达到思维的互补性。

例如，在进行《牛津英语》（上海版）9A U3 Head to head 一课的写作教学时，教师可以根据学生对一件事情的不同观点将他们分为正反两派，继而提出“Why do you prefer so?”，组织学生进行头脑风暴，想出更多理由，并可根据学生情况开展辩论等活动，同时将他们的想法记录在黑板上，积累论据，以支撑他们各自的论点。这样的头脑风暴环节对类似的议论文写作课堂教学有很大作用。

英语教学中的头脑风暴可以用于课堂开始的热身活动，让学生快速进入课堂学习状态，并开始思考学习的主题；也可设置在课堂中段，用以检测学生的课堂学习进度；还可以用于课堂后段，通过设置开放性的问题，培养学生运用已学知识解决实际问题的能力。感兴趣的教师可扫描右方二维码观看相关视频。

教师不仅需要提高组织头脑风暴的能力，了解其组织原则和组织步骤中应当注意的要点，还需要掌握一定的记录方式，将学生的精彩想法以最恰当的方式记录下来，帮助学生最后进行语言产出。

第二节　头脑风暴微技能

训前思考

1. 您较多在什么课型中使用头脑风暴?（不定项选择）

□ 听说课型　□ 阅读课型　□ 写作课型　□ 语音教学

□ 词汇教学　□ 语法教学　□ 练习讲评　□ 其他______

2. 您较多在课堂教学的哪个时段使用头脑风暴?（不定项选择）

□ 课堂前段　□ 课堂中段　□ 课堂后段

3. 您认为头脑风暴活动在英语课堂中有什么作用?

一、头脑风暴的组织形式、要求与步骤

头脑风暴是学生课堂活动的一种形式。教师只有精心组织好，才能发挥它的最大效益。

（一）头脑风暴的主要形式

1. 个人思考

在小组活动之前，教师应给学生充分的时间对所要讨论的内容进行思考。在这段时间内，新鲜的想法或储存在学生头脑中的图式被激活，但它们还只是无序的“原材料”，需要在小组及全班讨论中进行加工。

2. 小组活动

小组活动通常是配对活动和四人小组活动。在这种形式的活动中，学生之间互相启发，把彼此的想法清晰化和条理化，或用英语口头表述出来，或用纸、笔记录下来。教师此时的任务是为学生提供及时的指导和帮助。当然，教师也可以参与个别需要帮助的小组讨论。例如，6B U4 I'd like to be a good doctor 中谈及“Why do they have these health problems?”，教师组织小组分工讨论 headache、stomachache、toothache

和 cold 四种病的原因。这种以小组为单位的头脑风暴切入口小，组与组之间讨论的话题不同，学生无形中产生了竞赛争胜的欲望，更能激发学生的思维。

3. 全班活动

教师引导和鼓励学生积极参与讨论，并把每个学生或小组的发言要点通过板书或投影呈现出来。如果有的学生在用英语表述某个想法时感到困难，可以允许其先说出中文，然后向全班同学或教师求助。如果学生的想法遇到了瓶颈，也要允许其对修正这一想法提出新的观点。

（二）头脑风暴的组织要求

在知道了头脑风暴在课堂不同环节的不同作用之后，让我们一起来了解该如何将头脑风暴巧妙地运用于英语课堂教学，以及教师在组织头脑风暴时需要注意些什么。

为了优化活动效果，教师在组织头脑风暴时需要遵循以下几点：

第一，明确议题。问题设计简单明了，最好给出学生能模仿的回答范例。

第二，把控难度。议题应在学生关心的范围内，超出学生的认知范围则会冷场。

第三，即时记录。清晰的记录可以让学生的观点一目了然，可由组内成员或教师记录。

第四，积极引导。教师应当鼓励学生主动思考，积极发言。此外，除非必要的辅助，教师尽量不要打断或纠正学生的发言。

第五，控制时间。一般宜控制在 3 分钟内，最多不超过 5 分钟。

在头脑风暴的实施阶段，学生想法的数量往往比质量更重要。为了鼓励学生勤思考多发言，教师组织活动前应告知学生在进行头脑风暴时要做到以下几点：

第一，尊重不同。不随意批评不同的意见，不打断其他同学的发言。

第二，学会倾听。不要私下交谈，以免分散注意力。

第三，互相补充。通过互相补充和扩展，不断改进并完善他人的意见。善于利用别人的灵感丰富自己的想象。

第四，言简意赅。发表见解时要简单明了，一次发言只谈一种见解。

（三）头脑风暴的展开步骤

教师在组织头脑风暴时，需要遵循一定的科学步骤。一般来说，头脑风暴的具体运用多分为激活、蓄势、爆发、控制、诱导五个步骤。

1. 激活（stimulating）

教师根据事先计划好的训练内容，提出话题或任务，激活学生的大脑思维。

2. 蓄势（retaining）

在小组活动之前，教师应给予学生充分的时间，让他们对所要讨论的内容进行思考。

3. 爆发（storming）

让学生在规定的时间内尽可能多地将大脑中刚刚组织起来的话语像山洪般爆发出来。

4. 抑制（checking）

每个学生的叙述时间不宜过长，有时可让他们在意犹未尽时停下。这样做有两个好处：一是可以激励他们下次爆发速度的加快；二是可以给更多学生机会，活跃课堂气氛。

5. 诱导（inspiring）

教师引导和鼓励学生积极参与讨论，并把每个学生或小组的发言要点通过板书呈现出来。当全部内容呈现完毕，教师及时帮助学生归纳整理，并下笔成文，以强化记忆与运用。

组织好一次头脑风暴活动，不仅能提高学生当堂课的兴趣，更能培养学生的创新思维、信息构建等能力，对提高学生英语的听、说、读、写能力有着积极的作用。感兴趣的教师可扫描右方二维码观看相关视频。

（四）案例及设计说明

案例一：听说课教学片段

（文本）

Miss Guo: What will travelling in Garden City be like in 10 years' time?

Kitty: Perhaps none of the people will travel by ferry.

Peter: Perhaps most of the people will travel by underground.

Alice: Perhaps there will be fewer traffic jams.

Joe: Perhaps there will be more underground stations.

选自《牛津英语》(上海版)6B U7 Travelling in 10 years' time

1. 课堂活动设计

Teacher (T): Today's topic is Travelling in 10 years' time. Now let's brainstorm. How many kinds of transport do you know?(明确议题)

Students (S): Car, underground, bike ...

T: Any other ideas? For example, when you want to go to other planets, how can you go there?(积极引导)

S: Spacecraft.

T: Half a minute left. Please be quick.(控制时间)

2. 设计说明

本课是一堂七年级听说课，话题是学生较为熟悉的生活中的事物，头脑风暴的问题以简单的 kinds of transport 来导入，这样短小而快的提问能迅速打开学生的话匣子，帮助他们做好进入本节课的准备。

案例二：写作课教学片段

(文本)

Mr Hu wants his students to conduct a survey for the school.

Mr Hu: Children, I want you to find out what changes the younger students would like to see in our school.

Students: That's a good idea.

S1: What changes would you like to see in our school?

S2: I'd like to have a swimming pool in our school.

S3: What changes would you like to see in our school?

S4: I'd like to have more computer lessons.

S5: I'd like to have more activities and trips to other places.

S6: I'd like to have an air-conditioned classroom.

S7: I'd like to have less homework.

选自《牛津英语》(上海版) 7B U8 A more enjoyable school life

1. 课堂活动设计

T: Class begins ... First, let's welcome the teachers from other provinces. Everyone, why not introduce our school to our guests today? So, let's brainstorm first. Please use these sentence patterns to introduce our school. (把控难度)

S1: I think our school is small.

S2: I don't think so. I think our school is big.

T: Your idea is also OK. And everyone can say whatever he likes to say. Both of your answers are accepted. (尊重不同)

S3: Our school is ...

S4 (interrupt): Our classroom is ...

T: Please wait. Let's listen to him first, OK? (告知学生要学会倾听)

...

S5: I have studied in our school for two years. I still remember the first day I came here. That was the open day for the new students and our parents ...

T: You mean we organize the open day every year, right? (告知学生要言简意赅)

S6: There is a playground in our school.

T: Is it big or small? What can we do in the playground? (告知学生可以在组内互相补充)

S6: We can play basketball.

S7: We can also play football in the playground.

The teacher writes down the notes on the blackboard. (即时记录)

2. 设计说明

本节课是一节写作课。在学生写作学习过程中，往往会发现不少学生由于思路不开阔，写出的作文内容空洞、言之无物，因此教师可以通过在写前活动中设计头脑风暴来改善这一情况。写作作为语言输出的过程，是在有了思想观点的基础上用文字充分地表达出来的过程。头脑风暴作为写前活动的一部分在写作教学中具有举足轻重的作用。例如，在 7B U8 A more enjoyable school life 的写前活动环节组织学生“Introduce our school”，要求学生在观看学校活动视频时思考，同时教师给予一些学生已掌握的句式供参考。由于学生头脑风暴前有了思考的时间，因此回答时非常踊跃。随后，教师有意识地对板书进行分类，引出之后的三个板块 facilities、lessons 和 activities。结合知识目标 would like to do 等，学生可以利用板书上所写的素材进行再加工并顺畅表述。

案例三：写作课教学片段

Writing: A happy day（七年级写作课堂）

1. 课堂活动设计

Brainstorm in groups and make a list of your ideas:

What would you like to do to make you happy?

eg. watch flower shows, get an A in the English test.（提供范例）

T: When you brainstorm in groups, remember:（小组头脑风暴活动前告知要求）

1) Everyone must speak and bring at least one idea.

2) You must listen to others' ideas.

3) You must not say the ideas are bad.

4) One person must take notes of all the ideas.

T: You have three minutes. Go!（控制时间）

... (Three minutes later)

T: Let's share the list from one group.（分享想法）

2. 设计说明

这是一堂七年级的写作课，要求学生会描述“快乐的一天”，即在过去时的时态下描述一件或几件快乐的事或活动。课堂开始时，组织学生进行小组头脑风暴，要求他们在纸上写下能想到的快乐的活动，并提供 watch flower shows、get an A in the English test 等范例，这些范例清晰地向学生传递了以下信息：填写的短语需使用动词原形、注意名词单复数、要写得长一些且尽可能提供细节。在小组头脑风暴前告知要求，磨刀不误砍柴工，大大提高了小组活动的效率。

二、头脑风暴的记录方式

学生在头脑风暴中产生的灵感通常具有瞬间性、随机性、目的性及新颖性等特点。在头脑风暴的过程中，应该安排相应的人员（教师或组内成员）进行即时记录，这样头脑风暴的成果才能被显性化。那么，怎样才能有效记录参与者们一闪而逝的思维灵感呢?

使用合适的思维导图（Mind Map 或 Thinking Map）能够帮助学生和教师在头脑风暴中便捷而高效地捕捉思维。

英国学者 Tony Buzan 在 20 世纪 60 年代发明了一种可以帮助学习和思考的工具——思维导图。思维导图作为一种先进的思维方法，对全面提高和发展一个人健全的思维品质具有非凡的价值，它赋予人的思维以最大的开放性和灵活性，被誉为 21 世纪全球性的思维工具。

可见，思维导图是一种有用的图形技术，教师能够通过它激发学生的学习兴趣，并利用联想和连线使相关知识结构化，使知识的获取、储存和提取更加高效，从而大大提高学生的学习效率。

但需要注意的是，不同的思维导图服务于不同的思维模式。教师应当在备课时选择合适的思维导图。思维导图的绘制也不局限于教师个人，教师可根据学生的学习能力、合作能力、课时内容等课堂因素让学生亲自参与到思维导图的绘制中。

（一）思维导图的分类

选择适合的思维导图能让学生在头脑风暴中事半功倍。每一种思维导图都有不同的用途，具体如图 6-1 所示。

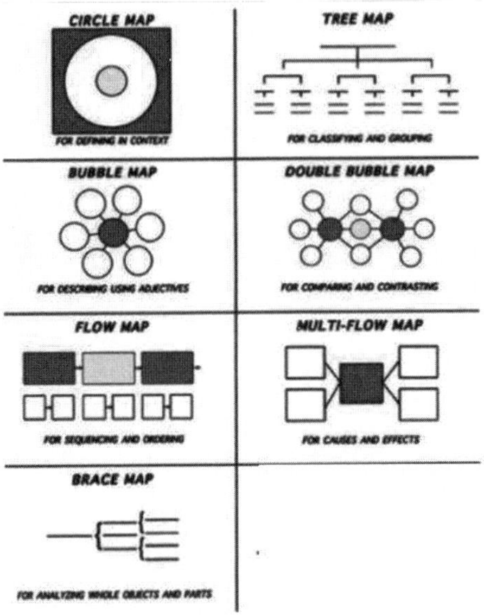

1. circle map 圆圈图
   – for defining in context
2. tree map 树状图
   – for classifying and grouping
3. bubble map 气泡图
   – for describing qualities
4. double bubble map 双重气泡图
   – for comparing and contrasting
5. flow map 流程图
   – for sequencing and ordering
6. multi-flow map 多重流程图
   – for causes and effects
7. brace map 括号图
   – for analyzing whole objects and parts

图 6–1 [美] Dr. David Hyerle 的七类思维导图[1]

（二）案例及设计说明

1. Circle Map 圆圈图

可以通过圆圈图的方式来展开话题。中心圆代表讨论话题，外部则是围绕话题所展开的细节或子话题。以 6B U8 Windy weather 为例，教师可以借助圆圈图来发散学生对不同天气情况的思考。在 7A U5 Choosing a new flat 中，教师可以运用圆圈图记录下学生想到的搬家前需要考虑的一些因素。

图 6–2 6B U8 Windy weather 圆圈图课例

图 6–3 7A U5 Choosing a new flat 圆圈图课例

① Hyerle, D. (2004). *Thinking maps as a transformational language for learning*. In D. Hyerle, S. Curtis, & L. Alper.

2. Tree Map 树形图

树形图用来记录事务之间的关系，因形似树木枝干交错而得名。例如，6A U1 第一课时 My family tree 十分形象地展示了树状的家谱图，不仅有利于学生识记并认知家庭称谓和家庭关系，如 uncle 和 cousin 等，还向学生展示了 big family 和 small family 的范围。

图 6-4　6A U1 Family and relatives 树形图课例

3. Bubble Map 气泡图

气泡图是运用最为广泛的思维导图之一，通常用来描述人物或事件的特征。例如，8A U4 Numbers 中提到了不同的数字符号，可以用气泡图来记录不同类型的数字，在头脑风暴后帮助学生建立知识体系。

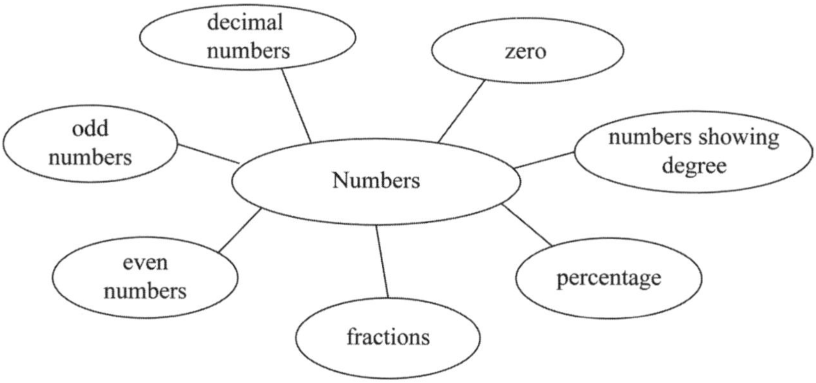

图 6-5　8A U4 Numbers 气泡图课例

4. Double Bubble Map 双重气泡图

双重气泡图通常用于联系和对比两个事物，展示二者之间的相似和差异。例如，8A U4 Numbers 中提到了 brain 和 computer 的不同，学生可以借助双重气泡图来联系和区分两者。

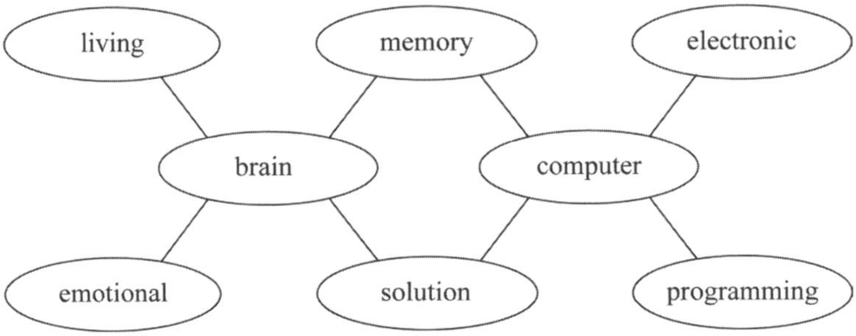

图 6–6　8A U4 Numbers 双重气泡图课例

5. Flow Map 流程图

流程图通常用于排列顺序或列举事情的经过。在 6A U6 中，为了帮助学生学习并列方式状语，我们通过流程图表现了交通工具的先后顺序。

在 6B U7 中，我们通过流程图立体地展示了从浦西到浦东的交通工具，使学生对交通方式一目了然。

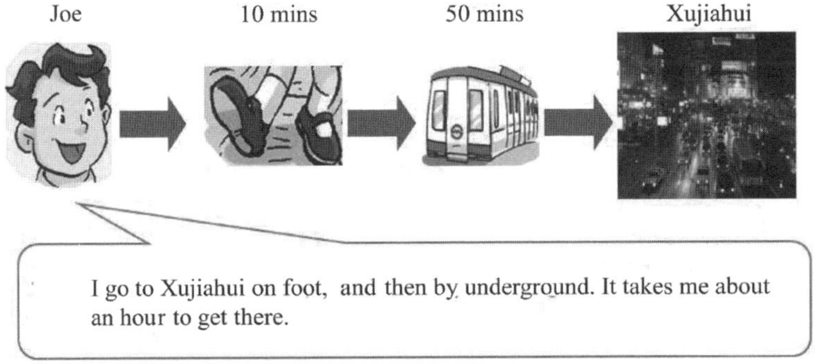

图 6–7　6A U6 Going to school 流程图课例

图 6–8　6B U7 Travelling in Garden City 流程图课例

6. Multi-flow Chart 双重流程图

双重流程图利用箭头的指向表述了中心话题的前因后果。例如，6B U4 Staying healthy 中提到了坏习惯所带来的病痛以及医生分析的原因，因此可以通过双重流程图直观显示坏习惯所带来的恶果。

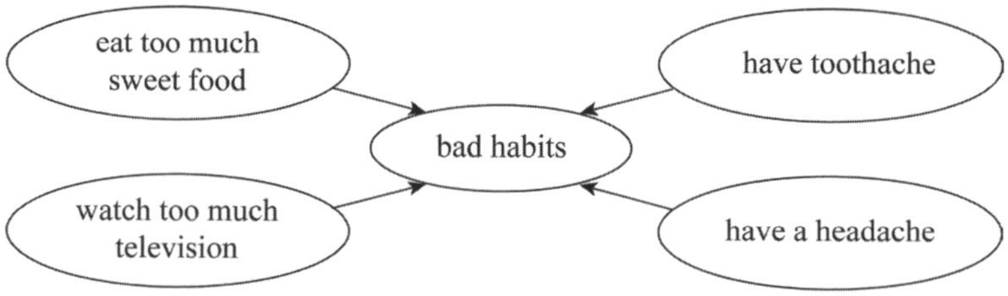

图 6–9　6B U4 Staying healthy 双重流程图课例

7. Brace Map 括号图

括号图用来分析事物的整体与局部的关系。例如，6B U6 Seasonal changes 中用括号图细化季节，便于学生分类讨论它们各自的特点。

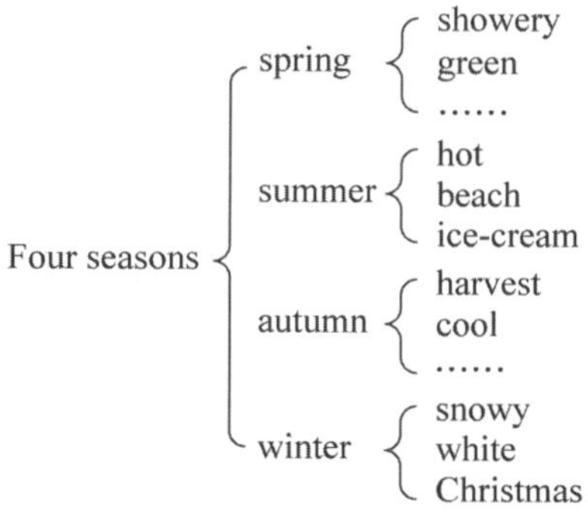

图 6–10　6B U6 Seasonal changes 括号图课例

感兴趣的教师可扫描二维码观看相关视频。

第三节　综合运用

一、观课思考

请扫描二维码观看课堂实录后思考：

1. 该课堂中的头脑风暴组织时机是何时？（单选题）

□ 课堂前段　　□ 课堂中段　　□ 课堂后段

2. 该课堂中的头脑风暴组织目的是什么？（单选题）

□ 课堂热身　　□ 知识拓展　　□ 思维训练

3. 本课中的头脑风暴组织要求，教师做到了以下哪些？（多选题）

□ 明确议题　　□ 把控难度　　□ 即时记录

□ 积极引导　　□ 控制时间

4. 本课中的头脑风暴使用了哪种记录方式？（单选题）

□ 圆圈图　　□ 气泡图　　□ 双重气泡图

□ 树状图　　□ 流程图　　□ 多重流程图　　□ 括号图

5. What did you find especially effective? 您觉得哪种方法特别有效？

____

6. What did the students or teacher do that led you to this opinion? 教师或学生的什么表现使您得出以上的结论？

____

二、实践演练

请任选一个主题，设计头脑风暴环节并在课堂中实践，记录下活动过程。

1. 参考设计

主题	
活动类型	
活动设计	
活动过程	
活动效果	

主题	Life in the future
活动类型	Post-reading activity 属开放性活动
活动设计	List the various changes in the future in groups and then write a short passage about our future life after class.
活动过程	T: What do you think will happen in the future? Please discuss in groups and list the various changes in the future. S1: What do you think will happen in the future? S2: Perhaps robots will do everything for us. S3: Travelling will be much faster. S4: Maybe learning will become easier because a small chip can be put in our mind. S1: I think we can enter the computer program and can be sent like sending an email.
活动效果	训练了学生的思维，使他们在提高思辨性的同时形成了写作的论点和论据等。组内讨论可以相互启迪，有助于思维的互补。

2. 设计说明

头脑风暴是一种生动灵活的课堂微技能，完全可以并且应该根据学生的情况及时间、地点、条件和主题的变化而有所变化，有所创新。不同的教师在教授不同年段的学生时会有各种各样不同的活动设计。教师要记录下头脑风暴环节的活动过程，并有所反思和调整，为下一次更好地组织该环节做好准备。

拓展资源

初中英语课堂适合头脑风暴的问题示例如下：

What can you see/hear/do/ ... when ...?

What can we do to finish this task?

What will you do?

What do you think of ...?

What are the differences between ... and ...?

What are the advantages/disadvantages of ...?

How can we/you ...?

Why did he/she/people do so?

Why did it happen?

What main elements should be mentioned?

参考文献

[1] 东尼·博赞. 思维导图[M]. 北京：化学工业出版社，2014.

[2] 胡雅茹. 思维导图笔记整理术[M]. 北京：北京时代华文书局，2018.

[3] 西蒙·霍兰德. 头脑风暴：51个令人大开眼界的科学问答[M]. 北京：人民邮电出版社，2017.

第七章

角色扮演
Role play

交际法中的角色扮演（role play），在初中英语课堂教学中被广泛运用。教师通过拓展教学场景、丰富教学语料，使学生在巩固语言知识、发展语言技能的同时，潜移默化地进行语言知识和技能向语言运用的转化与迁移，实现语言的交际功能。这种教学模式凸显了学生在课堂中的主体地位，使学生在真实的语境中主动使用所学知识，变机械操练为真实运用。对初中生来说，这是非常有趣的学习体验。教师通过进一步学习角色扮演的含义、分类及其特点，掌握教学设计时根据具体情况采用角色扮演的微技能，能使角色扮演在培养学生英语交际能力中充分发挥应有的作用。

第一节 角色扮演

一、背景

角色扮演教学法只有短暂的历史，却有着漫长的过去。交际教学法和角色扮演理论受语言学的影响比较大。乔姆斯基的获得性语言理论[①]和海姆斯的交际能力理论[②]对角色扮演法产生了重要影响。另外，由于受到功能主义的影响，一些教育学家开始注重教学的实际功能和效果，对传统的教学方法提出了挑战。在这种思潮的影响下，互动教学的研究开始起步，角色扮演法也应运而生。

角色扮演教学法受心理学尤其是人本主义心理学的影响也较大，这种流派提出“以学生为中心”的教学原则，后来这一原则成了角色扮演教学法的核心理论之一。尽管受到很多理论的影响，但严格来讲，角色扮演教学法其实最早源于 Moreno 的角色理论[③]。Moreno 是精神分析学派的心理学家，他认为人的行为受本能的控制，如果想要帮助人成长，就需要让个人进行角色扮演，在扮演中体会真实的生活，并学会如何解决问题。他还提出，通过多次演练不属于自己却相当真实的角色行为，个体在面对生活时会更有弹性。

---

① 按照他的理论，人类学习语言的活动就是人类天生的语法系统（UG）向特定语言语法系统“转换”，“生成”新的语法系统（也就是“内化”），当新的语法系统一旦生成，他就可以创造出无限的句子来，从而能够运用语言。所以，语言的学习过程，就是语言规则“内化”的过程，而外语教学的目的就是培养学生的这种“内化”能力，即培养学生的语言能力。

② 用海姆斯自己的话说，交际能力是“何时说，何时不说，以及关于何时、何地、以何方式与何人谈何内容”，即能否在一定的语言环境中恰当地使用语言的能力，在不同的场合、地点和不同的人进行成功的交际的能力。

③ Moreno 认为行为人透过有如戏剧情境的扮演，演练不属于自己却相当真实的角色行为，可以学到新的行为方式，体验生活并学会如何解决问题，帮助个人成长，以适应未来生活。当这种方法运用于教学中时，其以团体为中心，探究团体成员共同面对的问题是具有一定教育意义的。

角色扮演教学法是由 Fannin Shaftel 和 George Shaftel 于 1967 年正式创立的。他们希望通过让学生扮演角色和讨论表演来感受真实的语言环境，并进一步探索情感、态度、人际关系等方面问题的解决策略，这种教学方式重视教学过程中的个人和社会意义，试图通过逼真的情景模拟来提高语言学习效果，培养学生的合作能力和交际能力，在团体的帮助下，解决个体层面的问题。扮演者对所扮演角色的言语和行为的理解，可能会进一步影响其自身的学习习惯和行为方式，这样一来，学生对语言的把握会更加自如，对教材的理解也会更加深入。

二、角色扮演的定义

角色扮演法被认为是一种极为有效的情境教学方法。角色扮演为心理学家 J. D. Moreno 所创，他在 1920 年提出以角色扮演为主题的心理剧。此后角色扮演法就成为一种教育方法，在个体行为辅导、商业资讯，以及知识学习中广泛运用。

角色扮演作为交际教学法的一种，基于 Bachman 的交际语言能力学说①，在设计和进行英语课堂教学时应以交际为目的。关于角色扮演，中外专家学者都对其进行过界定。Paulston 和 Bruder 认为角色扮演是在活动中给学生分配一个虚构的角色，他们即兴创作，表现出与其角色性格相符的行为。这种即兴扮演没有由模仿到自由扮演的过渡训练，而直接呈现自由表演的结果。Littlewood② 指出在角色扮演活动中，模仿和扮演均为重要的活动手段，两者都能够创造出不同形式的社会场景和社会关系，让学习者的语言更加社会化和实用化。Ladousse③ 指出角色扮演活动是一种典型的低输入高输出活动，学生在这种互动活动中完成了对知识的掌握和运用，在

---

① 巴克曼（1990）认为：语言交际能力就是把语言知识和语言作用的场景特征结合起来，创造并解释意义的能力。他将语言交际能力分为三大成分：语言能力、策略能力与心理生理机制。

② Littlewood, W.（1981）. *Communicative Language Teaching: An Introduction*. Cambridge: Cambridge University Press.

③ Ladousse（1987）, for example, views simulations as complex, lengthy and relatively inflexible, but role playing as quite simple, brief and flexible. Simulations simulate real life situations, while in role playing the participant is representing and experiencing some character type known in everyday life.

这个过程中，语言表达的流利性比准确性更为重要。Penny Ur[1] 把角色扮演看作是各种各样的活动，在这种活动中，学生可以想象课外的某种情境，尽量使用新语境中的语言，扮演某个虚构的角色，而非他们自己，即学生扮演某一情境中的不同角色，表演在那一情境中发生的典型事件。由此我们可以把角色扮演概括为一种课堂学生交际互动活动，学生以真实生活中的角色为模型，运用角色的语言，表演发生在角色身上的典型的富于想象性的事件。

Role play is any speaking activity when you either put yourself into somebody else's shoes, or stay in your own shoes but put yourself into an imaginary situation.

Littlewood[2] 指出，采用交际法教学的教师，一方面必须注意培养学生的语言能力（Linguistic competence），另一方面也必须注意培养学生在具体的语言环境中有效地使用语言进行交流的能力，并掌握其所学语言符号的社会意义。语言能力就是正确使用语言的能力。

三、角色扮演的特点

（1）注重运用恰当，而不只是语言形式。

（2）倾向于注重语言活动的流畅性而不只是表达的准确性。

（3）注重通过语言来完成交际任务，而不只是就语言本身进行练习。

（4）强调学生的主动性和相互作用，而不只是以教师为中心。

（5）反映学习者的差异，而不采取步调一致的方法。

（6）注意语言应用的变异，而不只是语言本身。

与传统的英语教学法不同，交际英语教学不仅重视语法能力的培养，还十分重视其他交际能力的培养。

---

① Penny Ur.（1996）. *A Course in Language Teaching: Practice and Theory*. Cambridge：Cambridge University Press. This important course provides a comprehensive basic introduction to teaching languages, for use in pre-service or early experience settings.

② Littlewood, W.（1981）. *Communicative Language Teaching: An Introduction*. Cambridge: Cambridge University Press.

四、角色扮演的分类

(一)按照形式分类

按照角色扮演的类型，Littlewood 把角色扮演分为六类。

一是由提示对话控制的角色扮演(Role Playing controlled through cued dialogues)。

二是由提示和信息控制的角色扮演(Role Playing controlled through cues and information)。

三是由情境和目标控制的角色扮演(Role Playing controlled through situation and goals)。

四是争论或讨论形式的角色扮演(Role Playing in the form of debate or discussion)。

五是大规模的模拟活动(Large-scale simulation activities)。

六是即兴表演(Improvisation)。

(二)按照控制程度分类

国内有学者把角色扮演分为两类：一种是控制性角色扮演(Controlled role play)，另一种是自由式角色扮演(Free role play)。控制性角色扮演常根据教材中的对话和课文进行。自由式角色扮演只给学生提供一个情境或任务，让学生自由发挥，鼓励学生创造性地使用语言。

在我们的英语课堂上，按照控制程度由高到低，可以把英语角色扮演分为三种类型。

1. 完全控制式角色扮演(Controlled role play)

在这种角色扮演中，情境和语言都是事先设计好的。学生在扮演之前非常熟悉要讲的内容。而且因为有提示帮助，学生在角色扮演中一般都能预测到对方会说些什么，而不用担心自己听不懂对方的话，也不必担心不知道说什么。教师也更容易检查课堂教学目标所要求掌握的语言形式和内容的达成情况。常见的活动形式主要为情境对话。

以《牛津英语》(上海版)教材 6A U1 为例，教师在学生学了频度副词 always、usually、sometimes 等单词后，要求他们能互相谈论与家人周末的活动。主要句型都罗列在对话中，学生只要根据情况说出经常和谁一起玩、玩什么，并能够正确使用频度副词就算达到教学目标。

控制式角色扮演之前，学生先学习教材中相关的句型和有关的词汇，扫清语言障碍，为角色扮演活动做好准备。在活动过程中，教师可检查学生对生词和重点句型的掌握情况，也可以让学生使用以前学过的知识，这样能大大丰富角色扮演的内容。

2. 半控制式角色扮演（Half-controlled role play）

这种角色扮演只给出一定的情境和角色，要求扮演者自己发挥想象完成表演活动，其目的在于训练学生在一定刺激条件下的言语表达能力。常见的课堂活动形式有课本剧表演。以《牛津英语》（上海版）7B U5 The happy farmer and his wife 为例，在学习了课文之后，可以让学生把故事分角色表演出来，并且要求扮演农民夫妇的角色要使用 although 婉言拒绝仙女的好意，仙女则要向这对善良的夫妇送出自己美好的 wish。半控制式角色扮演活动有一定难度，在这种类型的角色扮演中，情境要能够激发学生的兴趣，学生要能对要表演的角色有较深入的理解，能想象自己在情境角色中的言行，对其他角色要能做出恰当的回应，形成有效互动，从而创造性地完成角色任务。在这种角色扮演中，由于教师的控制相对较少，学生可能会出现一些表达错误，但有利于他们在一种较为真实的情境中训练语言表达能力。

3. 自由式角色扮演（Free role play）

这类角色扮演只为学生提供某个情境和任务，学生根据情境和任务完全自由发挥想象，用尽可能多的语言和动作来表达意思。辩论是自由式角色扮演的一种常见形式。在辩论之前，可以让学生自己选择正反方，并为获得有关的信息和意见收集资料。自由式角色扮演可以是课堂即兴角色扮演，也可以作为课后作业让学生有更多的时间合作完成。在这个过程中，教师的作用就是组织辩论活动的整个流程，并给予学生适当的指导和帮助。以《牛津英语》（上海版）9A U3 Head to head 为例，课文为一篇议论文，在学生学习了议论文的要素后，可以让他们就养宠物狗的优缺点进行正反方辩论。在辩论的过程中，学生可以自由发挥，表达自己的观点和论据。表达的内容，可以是课文所学，也可以是个人观点，只要言之有理、言之有物即可。

需要指出的是，教师对学生由最初的控制到较少控制再到最终的不控制，其目的是让学生从语言练习逐渐过渡到用目标语进行自由交际。这有助于发展学生的交际能力，使他们能应对语言的不可预见性以及真实生活中的语言交际。这三种类型的角色扮演都有不同程度的信息差，拥有不同信息的扮演者通过交际手段交换信息、填补空白，最终完成交际任务。在实际课堂教学中，教师往往应该根据实际情况综合使用几种角色扮演类型。因为角色扮演从根本上说是一种有效的语言交际方式，角色扮演所模拟的语言情境是复杂多样的，学生在角色扮演中需要发挥主观能动性，而且对角色的识别、理解和扮演，最终并不取决于教师，而取决于学生个体。而同样的角色扮演活动形式，按照控制程度，可以是完全控制式的或半控制式的，甚至是自由式的。

以情境对话活动为例。在半控制式的情境对话中，教师只给其中一个角色或一部分角色以详细的提示和要求，而对另外一个或一部分角色扮演者，只给他们有关对话情境的粗略信息，其目的在于训练学生在一定刺激条件下的言语表达能力。在这种类型的角色扮演中，给定要求的角色扮演者发起对话，并引导谈话的内容；而未给定要求的角色扮演者要随机应变，做出相应的回答或动作。自由式的情境对话则只给出一个情境，要求学生自由创造角色和对话内容，对话只要符合情境，与角色吻合，人物之间有良好的互动即可。这种活动给予了学生充分的发挥空间，更能体现语言的真实交际性。

以《牛津英语》（上海版）7A U8 Staying healthy, growing strong 为例，这一课的教学目标是要求学生学会使用 should 给出建议。

图 7–1　7A U8 Staying healthy, growing strong

教师在教授如何使用 should 给出建议后，组织学生进行控制式角色扮演活动，分别让学生扮演病人和医生，根据提示的句型进行对话：

Doctor: What should I do if we want to stay healthy?

Patient: We should/should not ...

在半控制式活动中，教师出示几个不同身份的病人的介绍，比如运动员、学生、教师等（不同病人角色因为工作或学习的原因出现了不同的健康问题），并让学生表演病人在医院看病时和医生的对话。

在自由式活动中，教师可让学生表演日常生活中遇到有人生病时彼此关爱的情境。可以指定几个不同场景，如家里、教师办公室、学校走廊、医院等，让学生完成一个有关健康建议的对话。学生可以模仿真实情境，想象在这些地方可能出现的角色和发生的对话，并演绎出完全不同的故事。

S1: Hello. Anything I can do to help you?

S2: Yes, I always feel tired during the day and I feel sleepy in class.

S1: When do you go to bed every night?

S2: About 11:30.

S1: That's too late. Teenagers like your age need at least 9 hours every day. If you want to stay healthy, you should go to bed early. There is an old saying: Early to bed and early to rise makes a man healthy, wealthy and wise. You will find yourself energetic all day.

S2: Thank you so much. I will follow your advice.

S1: My pleasure. Hope you will be well again soon.

和第一个课例相同的是，教师同样设计了一个亚健康的孩子去医院寻求医生帮助的情境。但相对于第一个课例，教师更多地从语言功能的角度出发，立足功能对话的本质，积极创设语境开展教学。在进行角色扮演时，教师不是从词汇、语法的角度生搬硬套课文的话题语境，而是结合学生的认知情况和交际意图选择适合学生的语境，以学生现有的生活体验为媒介，使他们借助真实生活感知语言知识，完成交际任务，增加个人经验，为新一轮的个人体验与语言知识间的再激活做好准备。这样的角色扮演立足于学生已有的知识体系，要求他们用自己熟悉的语言知识去丰富对话的内容，构筑对话的层次，使交际进程得以维系，把单轮次、单一内容的对话变成多轮次、有逻辑意义的交际对话。鉴于大多数七年级学生的语言积累还不够丰富，很有可能无法自如地表达，教师应依据课堂的动态生成，提供学习支架供学生备选，使学生在轻松愉悦的课堂气氛中以角色扮演的方式进行语言、思想和情感的交流，也为学生提供了展示自我才华和发挥创造力的思辨空间。

五、角色扮演在教学中的意义

角色扮演最大的特点就是用学生感兴趣的语言材料进行由听到说的练习。角色扮演在语言教学中之所以非常有价值，原因有以下几点：

（1）能激发学生的学习兴趣，在这些创设的场景、故事、事件发展的过程中，学生的主体作用得以充分体现，他们所获得的成就感会激发其投入更多的学习热情，真正提高英语学习的效果。

（2）英语教学的过程，是师生之间、生生之间相互尊重、互动合作、学习交流的双边活动。反之，即使教师讲得口干舌燥，学生也可能无动于衷。可以这样说，情感是求知的载体，没有情感就没有求知的热情。角色扮演为师生们在课堂活动中提供了情感交流的机会，在合作表演中活跃了课堂气氛，增加了彼此的了解，加深了彼此的情感。

（3）增加听力、口语等运用语言的机会。英语课不是单纯的知识传授课，而是语言实践课。学生要想在表演中纯熟地运用语言，就必须脱离课本，把书本上死的知识变成活的语言。在表演中，每一个学生都承担着角色，不同的角色为提高学生的口语能力提供了动机和机会。有时教师讲得太多倒不如让学生置身于一定的语境亲身体验一下。在一个特殊的环境中，角色扮演会使词和句的理解更加容易。

（4）激发学生产生丰富的想象。角色扮演让学生置身于各种不同的语言情境之中，激发想象思维，充分展示自己，自由地用所学的语言知识表达自己的思想，进行交流。

（5）获得学习的成就感。在真实的情境中运用语言、体验角色，能够帮助学生克服语言学习的枯燥感，使语言学习充满活力，由此体验到成功的乐趣。

六、角色扮演活动设计的主要因素

角色扮演是一种交际教学法，学生作为交际活动的主体，应当充分发挥他们的主体作用。活动应紧密联系学生的愿望、问题和体验，为他们提供在真实的语言情境中学习的机会，不能只重形式而不重内容，比如课堂上表演得热热闹闹，却缺乏实际交流的内容。表演是课堂教学的一部分，是一种教学手段，是根据一定的教学目标设计的。教师要让学生真正地在表演中获得语言知识，通过表演提高语言运用能力。

角色扮演活动还应当充分发挥教师的主导作用。在必要的时候，教师要为学生进行适当的示范和指导。教师是导演，也是观众；是评委，也是演员。教师不能一个人唱“独角戏”，而要让学生唱主角。

因此，在角色扮演活动的设计过程中，主要应考虑三个因素。

1. 真实的语言情境

在设计课堂活动时，应为学生设计较为真实的情境，使他们在情境中完成交际任务，而非简单的机械操练。交际的双方应存在信息空白，都有交换信息的目的。真实的情境是保障交际行为展开的条件之一。

2. 充分的语言输入

课堂教学中实现交际目的的核心就是形成良性的互动，即师生互动和生生互动。对组织角色扮演活动而言，在进行综合运用之前，需要为学生搭建一些支架进行操练，进行充分的语言输入。通过完成螺旋式的逐步开放的任务，学生将掌握目标语言，最终走出教材，实现自由表达。

感兴趣的教师可扫描右方二维码观看相关视频。

3. 科学的活动反馈

对学生口语中的错误，教师或其他学生并不马上纠正，而是等到学生讲完，在总结阶段指出。

随着学生学习内容的深入和教学内容的多样化，教师要不断探究符合学生年龄和心理特点的角色扮演教学方式，创造性地使用教材和教学策略，以促进课堂教学的有效性，满足不同学习阶段的学生的层次差异及能力发展的要求。

感兴趣的教师可扫描右方二维码观看相关视频。

第二节　角色扮演微技能

训前思考

1. 教师作为角色扮演教学的组织者，在角色扮演前需要考虑哪些方面？
2. 影响角色扮演的成功因素有哪些？

为了让 role play 能够顺利进行，教师应在角色扮演前、准备活动中以及活动后给足支撑、帮助及反馈。

英国著名的语言学家 Jeremy Harmer 在 How to Teach English 一文中提到，教师的角色应该定位为：organizer（组织者），controller（控制者），participant（参与者），assessor（评估者），prompter（提示者）和 resource（资源）。教师的角色在教学过程中是需要不断变换的。在角色扮演教学中，教师既承担了前期的策划工作，也参与了中间的扮演活动，更是后期的剪辑者，要对教学进行总结归纳。

一、微技能 1：Assign roles

首先，教师作为角色扮演教学的组织者，需要充分策划好活动的前期准备工作，充当好组织管理者这一角色。在备课时，教师要对角色扮演教学活动进行整体的、详细的规划，如活动分几个步骤进行、难度是否适中、每种难度安排的人是否合理、几个人一组、如何分组、每个学生的任务分别是什么、是否有利于学生之间形成良好的人际关系等。教师的前期工作做得越充分，开展教学时才会越得心应手。由于不同学生之间存在着个性与共性，这就要求教师在教学过程中找到适合大多数学生的教学方法，适时地设定合理情境，就学生的个人水平安排合适的角色。同时，还要明确不参与角色扮演的其他学生作为观察者所需留心观察的对象和观察中承担的任务，并在表演结束后与这些学生一起对表演进行评析，结合教学内容进行延伸或提炼概括。

感兴趣的教师可扫描右方二维码观看相关视频。

二、微技能 2：Bring situation to life

教师是整个课堂控制编排的领导者，如同戏剧中的导演一般；角色扮演是否成功，很大程度上取决于教师的编排引导。这种编排引导在一定程度上体现了教师驾驭教材、理解教材、参透教材的能力，同时也体现了教师因材施教的教学理念。角色扮演活动的主题或素材选择直接关系到能否达到理想的教学效果，因此素材应具有现实性、知识性、趣味性和可操作性。素材越富有想象空间，留白空间越大，越能激发学生的想象力和表现欲。角色扮演的内容要贴近学生生活，学生在熟悉的情境中才能更好地运用所学的语言，表演的效果才会更好。如果素材远离学生生活，学生会感到很难理解和操作。因此，教师在设计情境时要恰当选材或改编，使学生快速进入角色。

比如在学生学了《牛津英语》（上海版）7A U8 How to be a healthy child 后，教师让他们根据事先罗列的保持健康的方法进行 pair work，训练如何使用 should 给出建议。

（一）Role play 课例 1

S1: What should you do if you want to stay healthy?

S2: If we want to stay healthy, we should do enough exercise.

S3: What should you do if you want to stay healthy?

S4: If we want to stay healthy, we should drink a lot of water.

在这个案例中，学生在 role play 的活动过程中没有进行思维的训练，只是机械地替换短语。学生的对话简单地局限在教材设置的话题范围内，语言能力没有得到有效提高，这样的对话很难与学生产生情感上的共鸣。所以教师在设计 role play 时要避免简单、机械的语言操练。

（二）Role play 课例 2

同样是这一课，在 post-reading 环节，教师让学生两个人一组进行对话，并设置了一定的情境：One will be the volunteer of Health Camp, and the other will be the member of Health Camp who comes and asks for some help.

和第一个课例相同的是教师同样设计了这样一个情境：一些亚健康的学员想到 Health Camp 来寻求帮助。但相对于第一个课例而言，在第二个课例中，教师从语言功能的角度出发，立足功能对话的本质，积极创设语境开展教学。在 role play 之前，教师先让学生分角色两人一组，一个是健康营志愿者，一个是来健康营培训的成员。而且，教师事先通过 brainstorm 形式整理出一份健康问卷，为之后的输出做了足够的铺垫。

T: Let's list some questions that help volunteers know about the members' health problems.

S2: What's your health problem?

S3: How often do you do exercise?

S4: How much water do you drink every day?

S5: How much time do you spend sitting in front of a computer?

S6: What kind of food do you always eat?

S7: Do you sleep well every night?

S8: Do you have a good mood every day?

然后，教师让学生两人一组进行 role play。在 role play 时，教师不是从词汇、语法的角度生搬硬套课文的话题语境，而是结合学生的认知情况和交际意图选择适合学生的语境。

S1: Hello, nice to see you. Welcome to Jinger Health Camp.

S2: Hello, nice to see you.

S1: What can I do for you?

S2: I always feel tired during the day and I feel sleepy in class.

S1: When do you go to bed every night?

S2: About 11:30.

S1: How often do you do exercise?

S2: Never. I love watching TV.

S1: I see. If you want to stay healthy, you should go to bed early. There is an old saying: Early to bed and early to rise makes a man healthy, wealthy and wise. Besides that, I think you should do exercise regularly. And you will find yourself energetic all day.

S2: Thank you so much. I will follow your advice.

S1: My pleasure. Hope you will be well again soon.

这样的 role play，从学生已有的知识体系出发，把单轮次、单一内容的对话变成多轮次、有逻辑意义的对话。

（三）Role play 课例 3

学完 6B U3 Dragon Boat Festival 后，教师让学生两人一组进行对话。比如，程度相对弱的学生可以两人一组谈论端午节的三个重要细节。

S1: How much do you know about the Dragon Boat Festival?

S2: People celebrate the Dragon Boat Festival to remember Qu Yuan.

S1: Who was Qu Yuan?

S2: He was a great poet and his job was to give advice to the king.

S1: What happened to him?

S2: The old king died and the new king didn't listen to him and his country lost a battle. He jumped into a river and died.

这样的对话并非简单的语言机械操练，交际的双方都存在信息空白，都有交换信息的目的，真实的情境帮助学生巩固了课文细节信息。

程度较高的学生可以两人一组谈论端午节和中国其他传统节日的共同点与不同点，Student 1 是一位对中国传统文化感兴趣的外国友人，Student 2 是中国学生。进行对话前，学生首先要分析、综合、判断，从而找到端午节和其他传统节日的异同。通过这样的对话，学生完成了螺旋式的逐步开放的任务，掌握了目标语言，最终走出教材，实现自由表达。

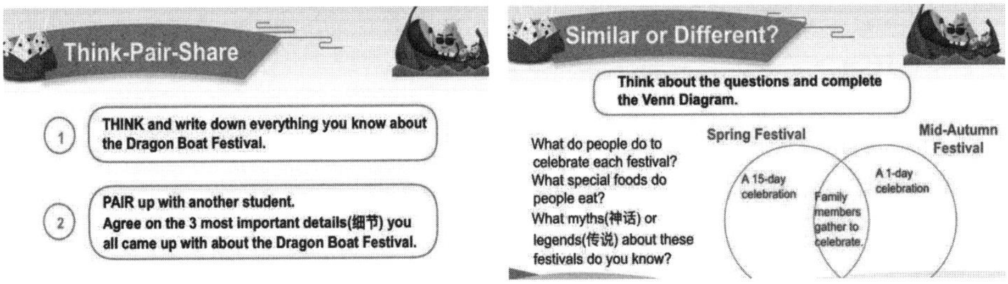

图 7–2　6B U3 Dragon Boat Festival

三、微技能 3：Feed in language

角色扮演不能止于教材的学习和朗读。要发展学生的综合语言运用能力，就必须为学生搭建一个支架，引导学生运用所掌握的语言知识、语言技能以及所捕获的情感态度对教材进行二次加工、深层学习。这个过程需要教师重视学生之间的差异性，确保任务的推进保持螺旋式上升，并根据学生知识储备量的不同、交际能力的高低，设置不同难度的 role play 情境，鼓励学生摆脱教材的局限性，开展三人甚至是三到六人的合作学习，发散思维，大胆创作。学生先一步步走进教材，通过完成螺旋式的任务来学习目标语言知识，再一步步走出教材开展拓展练习，其综合语言表达能力在各种角色扮演活动中得到进一步锻炼和提高。

对于故事类文本，很多教师会把 post task 设计成课本剧表演。课本剧不仅可以帮助学生巩固文本内容，还可以发挥学生的想象力和语言表达能力。角色扮演活动是一种语言输入与输出的过程，学生只有拥有丰富的语言积累，才能自如地进行英语交流与沟通。比如，可以让学生在学习了英语课文之后，将课文内容创编成对话进行表演训练。这些活动都需要学生以学过的英语知识为基础，对语言材料进行加工、处理，然后通过角色扮演表达出来，不仅有助于提高学生的交际能力，还培养了学生的创新思维能力。

例如，在学了《牛津英语》（上海版）7B U6 The grasshopper and the ant 后，要求学生进行课本剧表演。这篇课文中的对话很少，以描述为主，留给了学生很大的想象空间。进行 role play 之前，学生要想象自己的台词，对文本内容进行合情合理的推理并进行再次创造，从而更深刻地感悟文本。作为一个阅读者，学生应真正地参与阅读活动，激活原始经验，与文本产生真正的共鸣。设计角色时，学生应注意人物之间的信息空白，因为交际的目的就是填补信息空白，明知故问的语言交换只是机械性的语言操练，无法激发交流欲望。同时，随着交流的推进，学生的交流策略将根据角色和情境不断调整。

如何进行阅读、理解、想象、表演，需要教师提前做足铺垫。在这个故事中，grasshopper 的心情变化是个切入点，教师可根据其心情变化、语气变化、语言变化进行辅导，为学生后面顺利进行课本剧表演做好准备。

图 7–3　7B U6 The grasshopper and the ant

教师把故事按照季节进行分割，让学生脑海中浮现出不同的剧情和场景。虽然课堂教学现场无法同时呈现多重场景，但它存在于学生共有的学习认知场，有利于学生运用英语进行多元思维，弥补单一场景带来的思维局限，从不同视角帮助学生内化所学语言知识，增强思维的逻辑性、批判性和创造性。在富有戏剧效果的剧情的助推下，学生思维的浪花一旦被激发，思维的碰撞势不可当。这种以小组合作的方式，自主选择剧情发展和合作伙伴，边编边演，甚至对剧情发展进行再创作，有助于学生将个性创意融入剧情发展，进一步培养带入感。

四、微技能 4：Set the scenes

角色扮演教学是否需要事先布置场景，取决于角色扮演教学的目的要求和故事情节的复杂程度。一般情况而言，在课堂中即兴表演肯定不需要布置场景，而且在课时紧张的情况下，角色扮演多是即兴的，如果对角色扮演要求太高，必然会花费许多时间。但创设一个适合学生表演的情境，营造一个适合角色扮演的氛围，是角色扮演得以顺利进行的重要条件。有了好的场景，学生就能很快进入角色状态并参与其中。场景布置旨在使学生能够把他们所用的语言和某个具体的情境联系在一起，意识到在一个情境中使用的语言在另一情境中不一定合适。

The necklace 的表演场景主要有三个：在 Jeanne 家借项链，在 Pierre Loisel 家，公园里巧遇。在课堂上进行角色扮演，道具无须过分讲究，就地取材即可，如简单的桌、椅、讲台，甚至粉笔盒都可以信手拈来。当然，并不是道具越简单越好，如果有条件，道具应尽量真实。以 The necklace 为例，学生可用一个比较精美的钢笔盒或文具盒作珠宝盒，用一挂有坠子的装饰项链当钻石项链，用课桌作 Pierre Loisel 的书桌，一把椅子使用三次：先作公园里的长椅，场景转换后又充当 Pierre Loisel 在家坐的椅子和 Jeanne 在家坐的椅子。扮演 Jeanne 和 Mathilde 的女生最好穿裙子，与剧情中人物的衣着类似。

五、微技能 5：Feedback

角色扮演活动结束后，教师应先要求学生对活动进行讨论总结，找出得失，肯定成绩，纠正错误，接着让学生从语音语调、语法、语言的流利程度和肢体语言等方面进行评价。

教师在进行评价时不要仅限于学生语法应用得是否正确，而要关注学生在角色扮演的过程中是否有积极良好的学习态度、合作精神及努力程度和表现力等；要形成多元化的评价系统，使学生能够尽可能地展示优点，挖掘出自身的潜能。从有关反馈语的例子中可以看出，正确地处理学生的答问，对启发学生迅速进入思维过程、积极主动思考、发展新能力至关重要。因此，努力探索答问处理策略，恰到好处地给予评估，对提高教学质量、培养创新能力有着不可低估的作用。在问答过程中，教师要允许说完，适当点拨；适时纠错，适当宽容；恰当评价，表扬为主。

1. 允许说完，适当点拨

在英语教学的初级阶段和中级阶段，学生尚未完全形成运用英语思维的能力和习惯，可能因思维与语言表达不同步而出现语言或逻辑错误（或失误）。因此，教师不仅要给予学生充分的时间独立思考、组织语言，还要有足够的耐心，允许学生答完。听答时，教师轻易不要打断学生的连贯表达，除非回答太啰唆或离题太远。另外，由于语言本身存在一种结构具有多种功能和一种功能由多种结构表达的想象，教师要允许学生说出自己预想以外的答案，尊重学生的思维成果，保护学生的创新思维。

2. 适时纠错，适当宽容

语言错误在英语学习中是不可避免的，正确对待和适时纠错就显得十分重要。纠错有助于学生养成良好的语言习惯，纠错因方式、时间不同而效果各异。因此，何时纠错、如何纠错是英语教师必须掌握的教学艺术。从尊重学生的思维连贯性和保证学生的语言表达流畅性的角度出发，教师面对学生语篇朗读、连贯复述、角色扮演过程中出现的错误或失误，以及学生回答参阅型、评估型或现实情境性提问时出现的语言错误、失误或观点错误，不应见错就纠，而要采取宽容的态度。

教师宽容学生的错误，并不是放任学生的错误。即使是学生的连贯表达和创造性思维，教师也应采取宽容失误、纠正错误的态度。纠正错误要注意保护学生的自尊心，尽量采用答完纠错的方式。答完明示纠错，既尊重学生的思维成果，又能使包括答问者在内的全体学生及时知道错在哪里、如何改正；答完暗示纠错，既能使学生得到教师的指点，又使答问者不在同学面前“丢面子”。此外，教师在纠错时还可以引导学生进行自我纠正或同伴纠正。

3. 恰当评价，鼓励为主

为了使提问真正地发挥应有的作用，学生答问后，教师一定要及时恰当地对其答案有所反馈，切忌对学生的回答不置可否。由于学生需要了解自己的答问究竟是值得称赞、有待改进还是应当纠正，因此教师的评价用语不能一般化、公式化，而要把对学生活动的真实感受表达出来，使评价用语形成一个等级系列。教师根据学生回答问题时的不同表现，选用不同等级的评价用语，如“Excellent.”“Perfect.”“Wonderful.”“Very good.”“Good.”“Well done.”“Adequate.”“Not too bad.”等，使评价成为课堂教学真实交流的一部分。

教师要十分关注学生回答问题的成就感，即使是很小的进步，也要给予肯定和鼓励。问答过程中要多表扬、多鼓励、少指责、少批评，甚至不批评，要努力使学生获得成就感，获得成功的体验。

教师除了自己要进行评价外，还要鼓励学生之间互相评价。例如，在学生角色扮演结束后，教师可以让其他学生来评价表演学生的优点和缺点，以达到互相提高的教学目的，增强学生自主学习的积极性。教师可以通过“Who do you think did the best job?”“Who gave the best performance?”“Which do you enjoy most?”“Who has the best adaptation?”“Whose personality do you prefer? Why?”“Who is the most humorous?”“How can he/she be better?”等问题引导学生互评。

第三节　综合运用

一、实战演练（一）：Half-controlled role play

比如，在学生学了 6B U4 Staying healthy，了解了如何使用 should 给出合适的建议后，教师可以组织他们进行 role play。这个过程中，学生需根据对话主题与情境，发散思维，大胆创作，一步步走出教材。教师可以先采取半控制式角色扮演，将事先准备好的角色卡片分发给学生，组织学生分配角色，并关注他们对语言知识的掌握程度，提醒学生增强角色意识，融入自己的情感——如 Lisa 因为长期打游戏导致身体不适，Mandy 给出建议。试试吧，设计一个 Mandy 和好朋友 Lisa 之间的半控制式对话。

1. 参考设计

Mandy：

Lisa：I have a headache and I can't move my neck. What should I do?

Mandy：

Lisa：I played computer games all weekend.

Mandy：

Lisa：Yeah，I think I sat on the sofa playing computer games for too long.

Mandy：

Lisa：OK. Thanks, Mandy.

Mandy：Lisa，What's wrong with you?

Lisa：

Mandy：No, it doesn't sound like you. What did you do on the weekend?

Lisa：

Mandy：That's probably why. You should take breaks away from the computer.

Lisa：

Mandy：I think you should lie down and rest. If your head and neck still hurt tomorrow, then go to see a doctor.

Lisa：

2. 设计说明

在半控制式的情境对话中，教师只给其中一个角色以详细的提示和要求，而对另外一个角色扮演者，只给他有关对话情境的粗略信息，旨在训练学生在一定刺激条件下的言语表达能力。在这种类型的角色扮演中，给定要求的角色扮演者发起对话，并引导谈话的内容；而未给定要求的角色扮演者要随机应变，做出相应的回答或动作。

二、实践演练（二）：Free role play

仍以 6B U4 Staying healthy 这一单元为例，教师在单元教学的最后输出阶段，要求学生结合自身情况，采用开放式的对话，以同伴合作的形式创造性地编写对话。

1. 参考设计

Jane：May, I don't feel well today. I'm having a sore throat and a running nose.

May：I'm afraid you have a bad cold. You'd better drink lots of water and Vitamin C does help!

Jane：I feel really sleepy.

May：You should take a good rest. Lots of water and enough rest will make you feel better.

Jane：Thanks, May.

May：It seems you always have a cold. It's necessary for you to do enough exercise.

Jane：Ok, thanks for you advice.

May：I hope you will be much better tomorrow.

2. 设计说明

这样的 role play 立足于学生已有的知识体系，要求他们用自己熟悉的语言知识去丰富对话的内容，构筑对话的层次，使交际进程得以维系。在此过程中，教师可以提供一些目标词汇，让学生在真实情境下学会灵活运用，如 should、had better、enough exercise、drink enough water 等。

拓展资源

How to use the role play technique?

The great way of changing the way you see the world is to see it from someone else's point of view.

改变你看待世界的方式的一个很好的方法就是从别人的角度看世界。

This technique allows you to change your perspective by getting you to role play a different person and see how they would approach the problem. Different people use different bits of information and knowledge to approach the same problem and it's extremely helpful to view a task from different angles. Have you ever noticed that an artist and a mathematician will approach a subject from different angles and different ways of thinking? Imagine the ideas you will have as you take the role of both occupations and play around with the displacements of thought!

简单来说，就是不同的人使用不同的信息和知识来处理同一个问题，从不同的角度来看待一个任务是非常有帮助的。

When you role play, try to approach the way that this person would do it.

- How would they think?
- What objects and items would they be using?
- Where would they be doing it?
- How would they see the problem?
- What action would they take?
- How would they explain the problem?
- How would they solve the problem?

总之，角色扮演对激发学生兴趣、构建互动课堂具有十分重要的作用，也与新课改背景下所提倡的生本课堂理念相契合，最大限度地体现了学生的主体地位。角色扮演不仅有利于学生对英语知识的巩固掌握，还能使学生在语言输入与输出的过程中提升运用英语进行交际的能力，使英语课堂更生动、更有趣、更高效。

参考文献

[1] 钟小群．角色扮演在初中英语课堂教学中的使用[G]//中国教育教学丛书编委会．中华教育理论与实践科研论文成果选编（第2卷）．北京：学苑出版社，2010.

[2] 万军．浅谈情境教学法在中学英语教学中的实施策略[C]//2012年9月现代教育教学探索学术交流会论文集，2012.

[3] 梁兵．体育教学中角色扮演对学生社会适应能力的影响研究[C]//江苏省教育学会2006年年会论文集（理科专辑），2006.

[4] 黄谷宇．让学生“动”起来[J]世界汉语教学学会通讯，2009（3）.

[5] 杨志玲．如何优化初中英语课堂教学方法[C]//2017年“基于核心素养的课堂教学改革”研讨会论文集，2017.

第八章

信息差
Information gap

在交际活动中，交际者之间存在着需要填补的信息差。所谓信息差，是指对话的一方拥有另一方所没有的信息，这种差异使双方有了交流的必要，持不同信息的双方通过交际手段、交换信息来填补空白。信息差的存在是交际双方进行语言交流的动力，因此它是英语交际法教学中的核心部分。本章主要介绍了如何在课堂教学中创设信息差及信息差的四种活动模式，旨在为一线教师的课堂教学提供更广的设计思路和更多的实践参考。

第一节　信息差

一、背景

语言学理论基础是20世纪60年代兴起、70年代形成高潮的社会语言学。其中，社会语言学家D. H. Hymes的交际能力理论、功能主义语言学家韩礼德的功能语言理论和话语分析理论，以及H. G. Widdowson的语言交际观最为重要。语言是表达意义的系统，其基本功能是社会交际，语言表达不应仅仅研究语言的形式，更要关注语言要完成的社会功能以及语言在人们社会交往中受到的制约因素。因此，第二语言教学的目的是让学习者不仅掌握语言规则，能正确地运用语言，更掌握语言的使用规则，能得体地运用语言。让学生处于情境之中，身临其境地感受氛围，用英语进行交际，是交际教学的精髓。

以培养交际能力为主要目的的交际教学法越来越受到人们的重视，随着交际法的产生，信息差理论出现了。国内外很多学者都非常关注信息差原理在交际教学法中的重要作用和地位，对其展开了全方位、多角度的分析和研究，其中最被人普遍接受的是William B. Gudykunst和Young Yun Kim在1992年提出的交际模式。在这个模式中，他们还加入了文化、社会、心理、环境等方面的因素，并将其作为交际模式的要素，而这些要素都可以用两个同心圆连接起来，这充分体现了交际的动态性、双向性和循环性。虽然西方国家对信息差的研究仍显不足，但是诸多学者所提出的种种交际模式为信息差的研究提供了一个完整的系统。①

二、信息差的定义

在我国，徐宪光的《言语交流中的信息差及其调控》曾对信息差有系

① 吴莎莎．通过信息差任务提高初中生英语课堂参与程度的研究[D]．长春：东北师范大学，2009.

统论述，书中对信息差做了跨学科的、多层次的分析，但对信息差的分类仅从口头和书面两个信息传输渠道进行划分，而没有从多个角度作进一步探讨。王德春、陈晨的《现代修辞学概述》从修辞学角度对信息差下了定义，认为信息差就是发话人传递的信息和受话人接收的信息不等值的现象，并指出信息差出现的两种情况——信息损耗和信息冗余。但是仅从修辞学角度对信息差进行分析是远远不够的，因为信息差本身涉及多种学科，所以对于信息差的研究也应当是全方位、多角度的。Johnson 和 Morrow[①] 认识到信息差在语言学习活动中的重要性，称之为"one of the most fundamentals in the whole area of communicative teaching（交际教学领域中最基本的概念）"。Doughty 和 Pica[②] 指出："Information gaps can promote real communication and facilitate language acquisition.（信息差能够促进真实交际的产生，从而推动语言的习得。）"国内对于信息差原理的研究历史并不长，有过系统论述的有徐宪光的《言语交流中的信息差及其调控》。除此之外，一些学者与英语教师也对信息差原理在英语教学中的运用进行了剖析，如王才仁教授的《英语教学交际论》、庄新红的《信息差原理在外语教学中的地位和作用》、王松美的《论外语教学课堂中信息差任务的原理与设计》等。

综上所述，所谓信息差，从广义上讲是指存在于自然界和人类社会中的客观信息与人类对它们的了解、掌握程度之间的距离，就是指人们在掌握信息方面存在的差距。[③] 由于这种差距的存在，人们才有传递和交流信息的言语活动。我们通常把这种信息的传递和交流称为"交际"。人们通过交际缩小或填补信息差距，从而达到一定的"信息平衡"，实现交际目的。

---

① Johnson K., Morrow, K.（1981）. *Communication in the Classroom.* London: Longman Group UK Ltd.

② Doughty C., Pica T.（1986）. "Information Gap" Tasks: Do They Facilitate Second Language Acquisition? *TESOL Quarterly*, 20（2）: 305–325.

③ 庄新红 . 信息差原理在外语教学中的地位和作用［J］. 山东外语教学，1998（01）: 7–10.

三、信息差的分类

首先，在语言交际中，我们利用语言主要完成的任务是弥合差异、完善信息。那么，在语言交际中存在哪些差异呢?

（一）消息差异

这是交际法信息差所常利用的差异。如第一个学生有一些消息，可能涉及一些食物的价格，第二个学生很想知道这些价格，就会询问第一个学生。

（二）经验差异

课堂上每个学生都有不同的生活经历和人生经历，因此就构成了差异。在有些班级中，这种差异是非常显著的，比如在我国一些一线城市中，班级里的同学来自五湖四海，不同文化背景下的学生可能具有极大的经验差异。

（三）知识差异

初中生经历了不同的小学学习经历后，由于文化背景不同，经验积累不同，因而对外部世界有着不同的了解，就会产生知识差异。

外语教学的重要目标之一就是培养学生运用所学语言进行实际交际的能力，而学生的交际能力只有在真实的交际中才能得到最有效的培养；同时，作为交际工具的语言，也只有在真实的言语交际过程中才能被人们最有效地掌握。有些教师经常问："我怎样才能使我的学生开口讲英语呢？怎样让学生花更多的时间去交流呢？"发现、创设和利用学生间的信息差是一条绝佳途径。教师除了在课堂上开展信息差活动外，也可以将课外作业从以前的抄抄写写改为以项目为主导的作业形式，即让学生在课外完成与本课主题有关或同实际生活密切相关的含有信息差的活动。

外语教学中的信息差指的是发话人与受话人之间的信息差距，或一方所知的信息对另一方具有不可预知性。有了信息差，真实的言语交际随之建立，如下面的一段对话：

A: Excuse me.

B: Yes?

A: Do you have a watch?

B: Yes, ... but why?

A: I wonder if you could tell me what the time is.

B: Certainly. It's three o'clock.

A: Thank you.

B: Don't mention it.

分析这个对话我们可知，B 具有 A 所不知道的信息（即时间），因而 A 想获得信息。换言之，A 和 B 在掌握的信息上有一个差距，通过交际可消除这个差距，从而使两个人掌握同一个信息。A 和 B 是通过交际缩短或填补了他们之间的信息差距，从而达到了一定的“信息平衡”。教师如能在英语教学中充分利用信息差原理，设计出建立在信息差基础上的言语交际活动，必然能让学生在信息传递和交流活动中发现和总结语言规律，进而加以掌握和运用，从而达到培养学生实际语言运用能力的目的。

具体来说，可以通过以下方式在课堂中开展信息差活动。

1. 创设情境，形成交际双方信息的差异

创设情境应该遵循维果茨基提出的“最近发展区”理论。教师根据学生现有的认知水平，力求创设能从不同侧面、不同角度设计学习任务的多种情境，而后通过在情境中传递不同的信息，使交际双方所拥有的信息具有差异。学生带着对对方信息的渴求去运用语言，就能自然地习得语言。

2. 设计有效的信息差活动

（1）提供答案

在课堂上检查学生练习的时候，教师总是先读出正确的答案，再去应付学生的提问，这会浪费一次交流的机会。正确的做法是给班上一半学生一半答案，给另一半学生另一半答案，学生自然会谈论和核对答案，并进行交流，最后教师再回答学生的疑问。

（2）提出富有个性的话题

利用经验或观点上的差异是讨论某个话题的有效途径。针对某个问题，学生可以谈谈自己的看法或在特定情境下的做法等。这种练习通常不需要材料，也不会持续太长的时间，目的在于为学生提供更有意义的交流机会，促进学生间的相互了解和友谊。

（3）布置探究作业

课外作业是课堂教学的延伸和深化。教师虽然常在课堂上开展信息差活动，但在布置课外作业时往往容易忽略信息差的创设。教师应该摒弃以前课后作业简单抄写的模式，设计与课堂教学内容有关或紧密联系生活的含有信息差的作业，从而帮助学生加强获取、处理、选择和使用信息的能力以及解决实际问题的能力，进一步强化学生的语言交际能力。

四、信息差的功能

（一）激发学习兴趣

学习兴趣是影响外语学习的主要非智力因素之一。心理学研究表明，兴趣能有效集中人的注意，促进学习动机形成，提高学习效率。而要激发学习者的学习兴趣并使之发生作用，应使学习者产生获取信息的需要。这种需要引发了人们获取信息的内驱力。[①] 这种内驱力一旦指向某种特定的目标和内容（如外语学习），个体即获得了动机；个体一旦获得动机并付诸行动，就会对学习产生强烈的兴趣和持久力，进而极大地促进学习。而信息差本身就是一种需要的缺失，这种缺失可引发学生通过交际获取信息的内驱力。

由此可见，教师在安排教学内容、选择教学方法和组织教学活动时应运用信息差原理，有意识地创造具有信息差的语境，尽可能使学生的语言交际活动真实而富有情趣，引发学生用英语进行交际的内驱力，让学生在有信息差的语境交际过程中通过缩小或填补信息差，变未知为已知，这样做不但达到了学习的目的，而且使学生在真实的言语交际活动中保持对外语学习的兴趣和动力，学生的英语学习将会更具真实性、生动性和创造性。

（二）优化课堂氛围

课堂教学中常会遇到这样的情况：教师布置好一个活动后，一部分学生不愿意开口，课堂参与度低。原因是他们认为课堂活动太单调无趣，不是操练课本里的对话，就是编一些离他们生活很遥远的对话，令人无话可说，课堂氛围也非常尴尬。

---

① 王振林 . 创设“信息沟”，生成真实交际英语课堂教学［J］. 中小学英语教学与研究，2007（01）：21–25.

建立在信息差基础上的课堂活动或教师提问应合理有度，使每一个学生都有作答的可能，这样不但能激发学生的好奇心和探究欲望，使他们参与到活动中去，而且减轻了学生学习使用语言时的紧张心理，充分调动起他们的积极性。学生一旦在课堂上有了一两次成功的尝试，便能增强自信，更敢于表现自己，发挥主观能动性，在自信中进行创新。可见，基于信息差的课堂活动让学生敢于参与、乐于参与、善于参与，课堂氛围宽松、和谐。

（三）提高交际能力

学生只有亲历了交际活动，才有可能培养和提高交际能力，这是教师无法替代的。基于信息差的课堂教学是培养学生交际能力的有效途径，因为信息交流的前提就是双方间存在对方有所不知的内容。要想从他人那里得到自己想要的东西，学生就得逼着自己开口问、动手写、去阅读，否则自己就无从知道；同样，不说出来，不写出来，即使自己知道得再多，别人也不会知道。在这一来一往的交际过程中，学生既锻炼了发出信息的能力，又锻炼了接收信息的能力。

可见，教师应在教学中合理设置情境，使用信息差任务，启发学生运用正确得体的语言和方法填补空白，达到用语言进行交际的目的。同时，在交际过程中出现的误解或失误，能促使学生意识到自己在语言知识和能力等方面的不足，从而有针对性地学习，减少盲目性，进一步提高综合学习能力。

第二节　信息差微技能

训前思考

1. 您在日常教学中听说或使用过利用信息差设计的英语教学活动吗？

A. 是　　　　B. 否

2. 您认为利用信息差设计英语教学活动最困难的环节是什么？

A. 英语课堂上何时运用信息差教学活动

B. 如何运用信息差设计合理的教学活动

C. 如何有效检测课堂信息差活动

D. 其他____

一、微技能 1：创设信息差任务

信息差任务是指学生在课堂教学活动中被给予不同片段的信息，然后通过交流分享这些不完整的信息，以完成一个共同的任务，它是交际法英语教学的核心部分。信息差任务是以培养学生的参与能力、理解能力、团队精神、语言实践运用能力和创新思维能力为基本价值取向的教育教学实践活动。①

信息差任务的一个主要特点是信息的不可预见性及交流双方存在信息差距。信息差任务可视学生的程度或为了练习某一特定的语言项目、技能而设计，从信息交流的角度去促进语言形式的掌握，激发学生传递信息、表达思想、进行交际的愿望。

（一）信息差任务的分类

1. 以信息的流向划分

（1）单向信息差任务

组内只有一人拥有信息，他只有通过交流让组内其他人也了解该信息才能进一步完成任务。

（2）双向信息差任务

组内每一成员拥有信息的片段，这些信息不为组内其他人所知，为了完成任务，他们必须交换彼此的信息。在完成这种任务的过程中，小组中的每个人都是不可缺少的，他们必须把自己所知道的信息提供给大家，同时必须认真聆听别人提供的信息，还要阐述自己的观点。在这些近似真实交际的活动中，学生头脑中所储存的语言材料，如语法规则、句型结构、表达方式都将被激活。

① 王德春，陈晨. 现代修辞学［M］. 上海：上海外语教育出版社，2001.

2. 以信息的提供者划分

（1）由教师提供的信息差任务

信息差是在教师的刻意安排下经过学生创造而产生的彼此之间信息量的暂时差别，是由教师提供给小组一个成员或更多成员不同的信息而造成的。

（2）由学生提供的信息差任务

学生是我们教育的对象，同时也是我们教育可利用的资源。由于学生成长的环境各不相同，因此他们的兴趣爱好、生活经历、世界观都有其自身的特点，而这些个性特点的发展就导致每个人在某些方面的信息总量超过其他人。这些在一定时候、一定场合都可以成为教师设计课堂交际任务的信息源，使真实交际成为可能和必要。①

（二）创设信息差

创设信息差就是创设合适的语言情境，为学生提供不同模式的、相对较为真实的交流途径，让他们在交际性操练中迫切希望通过提问或猜测等方式来补全双方的信息差。

1. 创设信息差的条件

在开展信息差任务前，教师应该关注学生的学习动机，让创设的信息差情境具备以下特征：

Learners talk a lot

Participation is even

Motivation is high

Language is of acceptable level

教师创设的信息差情境要同时具备上述几点，真正做到重视学生之间的互动，保证每个学生都有机会开口说话，而不是只有几个人说，其他人听，或者是教师说，学生听，最大限度地保证学生的练习时间和练习量，有助于发挥学生的学习潜能，培养学生自主学习、合作学习的能力。

① 王松美 . 论外语教学课堂中信息差任务的原理与设计［J］. 山东外语教学，2003（03）：33-38.

2. 创设信息差的方法

（1）直接选取教材材料

教材原文：A day at school（选自新世纪教材六年级上册第二单元 School Life 第一课）

表 8-1　A Survey

Time	Activities
6:30 a.m.	get up
6:45 a.m.	have breakfast
7:00 a.m.	go to school
8:00 a.m.	attend the first class
...	...
...	...

以 A day at school 为例，课后练习设计了一个表格形式的调查，目的是让学生练习使用一般现在时和钟点来描述自己的一日作息安排、学校日常课程及校园活动等。由于每个学生的作息和活动安排不一样，这类话题就非常适合设计成含有信息差的课堂活动，让学生一问一答，了解彼此的一日校园生活。

教材中诸如谈论爱好、节日、校园生活和周末活动计划等贴近学生生活实际的话题，也非常适合教师直接选用并设计成信息差活动。诸如此类的例子不胜枚举，教师们用心寻找便可发现。

表 8-2　This is Millie's daily activities

Millie's day	
6:30 a.m.　get up	7:00 a.m.　eat breakfast
7:30 a.m.　go to school	8:00 a.m.　do morning exercises
8:25 a.m.　have first lesson	11:50 a.m.　eat lunch
1:30 p.m.　have lessons	4:00 p.m.　do after school activities
5:00 p.m.　go home	5:30 p.m.　do homework

（续表）

Millie's day	
6:30 p.m. eat supper	7:00 p.m. watch TV
9:30 p.m. go to bed	

可设计 Sports News（采访调查型任务）。教师解释任务要求并给出完成任务需要的语言结构：

When does she ...?

What does she do at ...?

Where does she ...?

接着学生按小组活动。小组中有一人拿到上述原文并扮演 Millie，其余几人拿到不同的采访提纲，如下表所示：

表 8–3 提纲 1

Time	Activities
6:30 a.m.	
7:30 a.m.	
8:25 a.m.	
1:30 p.m.	
5:00 p.m.	
6:30 p.m.	
9:30 p.m.	

表 8–4 提纲 2

Time	Activities
7:00 a.m.	
8:00 a.m.	
11:50 a.m.	
4:00 p.m.	

（续表）

Time	Activities
5:30 p.m.	
7:00 p.m.	

表 8–5 提纲 3

Millie's day	
6:30 a.m.	
7:00 a.m.	
7:30 a.m.	do morning exercises
8:00 a.m	
8:25 a.m.	
11:50 a.m.	
1:30 p.m.	have lessons
4:00 p.m.	
5:00 p.m.	
5:30 p.m.	
6:30 p.m.	eat supper
7:00 p.m.	
9:30 p.m.	

教师可让持有表 8–3 和表 8–4 的学生先分别向对拥有完整材料的学生提问，再在获得信息后彼此提问，将缺失的信息补充完整，接着让拿表 8–5 的学生向拿表 8–3 和表 8–4 的学生提问，完成表 8–5。最终，全班学生都获得了有关 Millie 的完整信息。

（2）间接改变教材话题

教师在使用信息差任务进行教学时，往往会发现缺少可以直接使用的教学材料，这就需要教师认真钻研教材，根据教材内容和学生的年龄、英语知识水平、心理特征等对教材进行二次加工设计，恰到好处地运用信息差策略来开展信息差活动，制造一种让学生渴望了解信息和填补信息空白的真实语言环境。

例如：《牛津英语》（上海版）八年级上册中有一单元的话题是 Introducing a friend to your class。教师可以在教授完单词和句型后，利用图片信息差组织学生就所学知识进行操练。教师可以将学生分成不同小组，A 组持有一系列人物的图片，B 组持有其中某一人物的某部分特定信息，但不是全部，而 C 组拥有另一部分信息，A 组先分别询问 B、C 组，得到有用信息后，甄别出目标人物。或者 A、B、C 三组各拿三张图片，其中只有一张图片是相同的，每组通过询问不同的问题，分辨出哪一张图片是三组共同拥有的；也可以通过交流排除不一样的图片，最终完成任务。

这个活动里的人物选择主要考验的是教师创设信息差的能力。为了让不同程度的学生都能参与到活动中，可以选择本班学生、邻班学生、学校教师或社会知名人士。此外，在活动过程中，为了让几个小组的目的语得到锻炼，教师需要选取容易描述的人物图片，使学生能够在口语中应用到课文中的关键词、短语和句型，这样的信息差设计才是合理且有效的。

类似的图片类信息差活动还容易出现在关于方位话题的设计中。比如，甲持有一张地图或其他信息图（如教师可以选择设计学校周边地图），而乙要想在另外一张图上标出相同位置的物体，就需要借助双方的交流与合作。乙所持图片上可以有部分已标注的内容，便于其完成目标任务。或者在一个小组里，一个人为了寻找某一特定信息（如谁是“间谍”），向不同的对象发问，而不同的对象均持有特定的信息卡。

（3）根据单元之间的关联设计信息差活动

教师可以根据教材自然单元之间的关联来综合设计含有信息差的课堂教学活动。《牛津英语》（上海版）六年级上册第三模块 Food and drink 中包含三个单元：The food we eat、Picnics are fun 及 Healthy eating。三个单元都围绕“饮食与健康”这个话题展开，但各有侧重，前一单元为后一单元的学习打基础。这一模块，教师可以采用跨单元关联的方法设计信息差活动。

教师可以把学生分成几个小组，先讨论健康的饮食习惯，再根据口味和生活常识设计菜单，每个小组分配不同任务。小组 A 设计菜单，小组 B

和 C 利用手上的钱（假设母亲给了 100 元）买食材或食品用于准备 picnic，小组 D 和 E 观察 B 和 C 的购物过程并完成表格。最后全班一起评判菜单的设计、食物的准备和花费是否合理等。

表 8–6 Shopping List

Staple Food: Vegetables: Fruit:
Meat: Seafood: Drinks: Other Ingredients: Total Cost:

对单元进行关联，既能使学生对整个模块的话题、语言知识与技能、语言功能、情感与价值等形成二次认知，也有利于开阔教师教学和学生学习的思路。

二、微技能 2：创设信息差活动模式

在选取或设定了信息差的情境后，接下来我们要创设信息差的活动模式。信息差活动通常不是单独使用的，而是和其他任务活动结合在一起用于课堂教学，尤其是解决问题的任务型活动。依据不同教学内容，信息差活动的设计可分为如下几种模式：

（1）表格信息差；

（2）图片信息差；

（3）段落信息差；

（4）文章信息差。

下面我们简单介绍一下这四种设计模式。

（一）表格信息差

表格，是一种可视化交流模式。在人际交流中，表格被广泛用于信息的整理和采集。表格的主要特点是：信息集中、高度概括、语言凝练。在英语听说教学中，听文本或口语交流之后绘制并完成表格是一个重要的任务型教学环节。表格将文本和对话的主要内容打碎，从面到点，降低了理解的难度，是文本解读的一种有效方式。

表格信息差多用于初中英语听说课，学生以小组或对子的形式合作，各自获得信息不对等的表格，通过向对方询问的形式将表格补充完整。在整个过程中，学生带着问题有针对性地去完成任务，并非刻意提问，这不仅符合现实生活场景，有利于学生主动地在恰当情境中操练句型和词汇，磨炼语言运用技能，还有利于提升学生分析问题和解决问题的能力。

既然表格信息差对掌握句型和词汇有帮助，那么不同表格中缺失的信息应与教学目标中所涉及的主要句型和词汇相关，与文本的主要内容相关，问答应主要以特殊疑问句及回答为主。因此，缺失信息多集中于时间（when）、地点（where）、人物（who）、原因（why）、方式（how）、频率（how often）、时长（how long）、价格（how much）等。看到这些缺失的信息，学生很自然就会选择相应的特殊疑问句进行询问。同时，为了展开一个对话，学生必须使用一些交际用语来完成，在对话中自主创设情境，以真正达到实际语用的目标。

感兴趣的教师可扫描右方二维码观看相关视频。

案例：表格信息差听说课教学片段

（文本）

There is a film festival in Sunshine Town. Sandy and Eric want to write something about the films. Help them complete their notes and the cinema guides.

Film Festival Cinema Guide for Sandy		
Olympic Cinema （1）____________	（3）____________ Sunshine Road	ABC Cinema Forest Road

（续表）

Film Festival Cinema Guide for Sandy		
Type of film: documentary Now showing *Tales of Old Beijing* Main story: A family once lived in a Hutong. Suitable for (2) ______________ Ticket price: ￥40	Type of film: science fiction Now showing (4) ______________ Main story: A baby dinosaur was chosen to be the future king of the dinosaur family. The film brings dinosaurs alive on screen. Suitable for all ages Ticket price: ￥40	Type of film: love story Now showing *Love Ship* Main story: A woman (5) ______________ a man when she travels on a ship. When they start to plan their future together, something terrible happens. Not suitable for children Ticket price: (6) ______________ (￥30 on Tuesdays and before 6 p.m. on Fridays)
Film Festival Cinema Guide for Eric		
Olympic Cinema Olympic Road	Sunshine Cinema (3) ______________	ABC Cinema Forest Road
Type of film: documentary Now showing (1) ______________ Main story: A family once lived in a Hutong. Suitable for all ages Ticket price: ￥(2) ______________	Type of film: (4) ______________ Now showing *The World of Dinosaurs* Main story: A baby dinosaur was chosen to be the future king of the dinosaur family. The film brings dinosaurs alive on screen. Suitable for all ages Ticket price: ￥40	Type of film: love story Now showing *Love Ship* Main story: A woman falls in love with a man when she travels (5) ______________. When they start to plan their future together, something terrible happens. Not suitable for (6) ______________ Ticket price: ￥60 (￥30 on Tuesdays and before 6 p.m. on Fridays)

选自《牛津英语》（上海版）7B U2 Going to see a film

1. 课堂活动设计

Step 1. Introduce the situation and ask students to look through the film guides.

Step 2. Organize the special questions for the missing information.

Step 3. Conduct a dialogue according to the topic and take some notes.

Step 4. Complete the film guides according to the notes.

Step 5. Check the answers by reading the film guides.

以第一部电影为例，学生开展了如下对话：

Sandy: Hey, Eric! Have you been to the Olympic Cinema?

Eric: Nice to see you, Sandy! Olympic Cinema? Of course! I usually go there to see a film.

Sandy: Wow, where is it?

Eric: It's not far from here, and it's on Olympic Road.

Sandy: Fantastic! I'd like to see a documentary film this weekend.

Eric: What documentary?

Sandy: *Tales of old Beijing.*

Eric: Oh! I've heard of it. My family also planned to watch it.

Sandy: Everybody in your family? So it must be suitable for all ages.

Eric: That's right! By the way, how much is the ticket for each? My mother asked me to book five tickets.

Sandy: It only costs 40 *yuan* for each.

Eric: Emm, sounds reasonable!

2. 设计说明

本活动的设计目的在于让学生通过对表格信息进行分析、提取、整合，以小组问答的形式分享并获得表格中的缺失信息，经判断和筛选信息，从而实现补全表格、操练句型、熟练口语的教学目标。教师首先需要分组，然后配对，说明活动的要求和各自讲义的特点，并使学生明确在完成活动的过程中不可互相查看讲义，以确保活动的有效性。文本的主要内容是本课时的拓展内容。在本课时的前半段，学生会学习电影指南的主要构成部分。电影指南对上映电影的信息进行了高度概括，主要包括上映影院、影院地点、电影类型、电影主要内容、观众年龄限制、票价等。学生根据以上几个关键点整理自己手中的电影指南信息，先对已知与未知进行分类，并结合已知信息，利用特殊疑问句型组织问题。随后，学生分别代入各自的问题，用交际用语填补问题之间的缝隙，形成一个完整流畅、符合真实生活情境的对话。最后，学生根据对话笔记完成表格并进行检验。表格信息差将以点呈现的信息融入特殊疑问句型后串成线，再利用交际情境将线织成面，形成富有张力的信息整合过程。学生通过在对话中获取信息，不仅操练了口语句型，提高了口语能力和交际能力，还在补全文本的过程中极大地激发了好奇心，增强了参与活动的意愿和课堂的趣味程度。

（二）图片信息差

图 8-1　信息差活动设计图片

首先，补全图片信息。在探讨方位和形状的信息差活动中，可设计如图 8-1 所示的图片，让学生两两合作，一人描述图片中形状的位置，一人根据对方的描述画出正确的图片。在活动前，教师可以先出示并教授目标语言如下，再开展信息差活动。

There is a square/circle/rectangle/triangle

inside the circle/ outside the circle

at the top/at the bottom/to the right/to the left

一方面，这个信息差活动训练了有关形状的英语单词和句式；另一方面，为保证所画图片的准确性，对话双方必然激发出交流的火花，为课堂带来乐趣。

其次，看图写话。看图写话即把从图上看到的内容用自己的话写下来。它是作文训练的第一步，能够有效地训练低年级学生的观察能力、思维能力和表达能力，为他们以后写作文打下良好的基础。由于传统的写作课堂有时比较枯燥，因此教师可以在看图说话环节利用信息差活动操练口头作文，训练学生的创造性思维，增加课堂的乐趣。如果某一次看图写话练习一共有六幅图片，教师可根据图片内容将三幅图片发给 A 组，把另外三幅图片发给 B 组。两组学生首先观察自己手中的图片并进行口头描述，再和异组同学进行交流获得所缺信息，最后共同完成全文的写作。

案例一：写作课教学片段

1. 课堂活动设计

图 8–2 6A U10 Healthy eating

2. 设计说明

本看图说话的写作要求是根据上述图片，以“Mr. Lin has changed”为题写一篇记叙文。在教学过程中，教师可以组织学生使用信息差完成此篇文章的写作，增进生生之间的合作。在此次写作中，教师将班级学生分成两组，第一组学生拿到图②和图③，第二组学生拿到图①和图④。在小组活动过程中，第一组学生思考以下问题：（1）What did Mr. Lin like to eat? What does he eat now?（2）Why has Mr. Lin changed? 第二组学生思考以下问题：（1）Where did Mr. Lin live? Where does he live now?（2）What did he look like? What does he look like now?（3）Why has Mr. Lin changed?

然后教师再重新分组，此时每组学生都看到了图①到图④。通过合作，学生完成整篇文章的写作，并在小组合作的过程中完成以下信息的填写，以拓展思路。

In the past	Cause of change	Now
Lived in the city	Met Miss Chen and she said ...	Lives in the countryside
fat and unhealthy Ate pizza, chips and ice cream		fit and healthy Eats a lot of rice, plenty of fresh fruit and vegetables, some meat and fish
Had an unhealthy diet Did no exercise		Has a healthy diet Works in the garden

案例二：图片信息差写作课教学片段

（文本）

Draw and write: Make a book with pictures to show what you think will happen in the future. Write about them.

1. 课堂活动设计

此写作练习出自 7B U7 Life in the future。此单元 Writing 板块内容不多，因此需要将教材资源进行整合，在进行单元整体设计时将 Writing 板块前的 Discuss 部分作为写作的导入，以完成新旧知识的链接，为帮助学生完成写作任务做好准备。Discuss 部分的具体内容如下：

图 8–3　7B U7 Life in the future

Step 1. Divide students into three groups (Group A, B and C).

Step 2. Students in Group A, B and C read pictures ① and ②, ③ and ④, ⑤ and ⑥ respectively.

Step 3. When each group reads the pictures, note down some key information:

(1) People will (not) be able to ...

(2) If there is ..., what will there be?

Step 4. Regroup students and in each group, three members have read pictures ① to ⑥.

Step 5. Share the information of all the pictures they have read to let all the students get the ideas of all the pictures.

Step 6. Write a composition according to the information every group has got.

2. 设计说明

在教学过程中，本写作内容也可以尝试使用信息差完成。在此次写作中，教师将班级学生分成 A、B 和 C 三组，A 组学生拿到图①和图②，B 组学生拿到图③和图④，C 组学生拿到图⑤和图⑥。在小组活动过程中，学生思考以下问题以拓展思路，并为接下来的小组交换信息做准备：(1) What do you think will happen in the future? (2) If there is ..., what will there be? 随后教师重新分组，通过组内讨论，使每个学生都了解信息。最后通过生生合作，学生完成整篇文章的写作。

在此写作过程中，学生的口语能力得到了锻炼。的确，语言能力只有在交际实践中才能得到发展，而且这种交际是有价值的交际，因为交际双方存在信息差，一方知道的内容另一方并不知道。

(三) 段落信息差

文本是书面信息的载体。我们在日常生活中会遇到各种各样的文本，可以是一本书、一篇文章，也可以是一段话、一个句子甚至几个词语。在语言教学中，我们通常会使用较多以文章形式出现的文本，其中的信息依据文本内容各自聚集、形成不同的段落，不同的段落再按照内在逻辑构成一篇文本。

段落是文本中一种非常重要的组织形式，它将冗长的文章逻辑化，分成若干个部分，方便理解和提取主要信息。因此，我们经常会在阅读教学中要求学生进行“分段”，以剖析文章的内在逻辑和主题思想。那么，对段落的分析是否只能运用于阅读教学呢？

在初中英语听说教学中，我们也可以在段落间设置信息差。段落信息差活动类似于英语考试中的完形填空练习。当看到不完整的段落时，学生会对缺失信息进行猜测，并根据已有信息确定需要获取信息的类别和方向。由于学生以已知信息为把手进行猜测，因此组织对话时多用一般疑问句进行询问确认，再根据已知信息中的固定格式还原未知的信息。这个还原的过程往往需要学生完成一个段落，所以学生会被要求按照一定顺序和逻辑完成语段，而不是简单的一句话。在这个过程中，学生不仅提高了语言交际能力，语段演讲的逻辑性也得到了提升。

案例：段落信息差听说课教学片段

（文本）

What is on at local cinemas?（for Sandy）

Here is some information about the films on show at the local cinemas.

Film 1: *Tales of Old Beijing* is now on show at Olympic Cinema on Olympic Road. It is a documentary which is suitable for all ages. It tells the story of a family that once lived in a Hutong.

Film 2: ______________________________

Film 3: *Love Ship* is on show at ABC Cinema on Forest Road. It is a love story that is not suitable for children. It is about a woman who falls in love with a man when she travels on a ship, but something terrible happens when they start to plan their future together. The ticket price is ￥60, but there is a special offer on Tuesdays and before 6 p.m. on Fridays.

What is on at local cinemas?（for Eric）

Here is some information about the films on show at the local cinemas.

Film 1: ______________________________

Film 2: Sunshine cinema on Sunshine Road is now showing a film called *The World of Dinosaurs*. It is a science fiction film, which brings dinosaurs alive on screen. A baby is chosen to be the future king of the dinosaur family. This film is suitable for all ages, and each ticket costs ￥40.

Film 3: *Love Ship* is on show at ABC Cinema on Forest Road. It is a love story that is not suitable for children. It is about a woman who falls in love with a man when she travels on a ship, but something terrible happens when they start to plan their future together. The ticket price is ￥60, but there is a special offer on Tuesdays and before 6 p.m. on Fridays.

选自《牛津英语》(上海版) 7B U2 Going to see a film

1. 课堂活动设计

Step 1. Introduce the situation and ask students to look through the film notes.

Step 2. Organize the general questions for the missing paragraph.

Step 3. Conduct a dialogue according to the topic and take some notes.

Step 4. Complete the film notes according to the format of the other two paragraphs.

Step 5. Check the answers by reading the film notes.

以 Eric 的文本为例，学生开展了如下对话：

Sandy: Long time no see, Eric!

Eric: Hi, Sandy! You know, there are some new movies these days.

Sandy: Yes, I have seen *Tales of Old Beijing* and *The World of Dinosaurs*.

Eric: Cool! Tell me something about *Tales of Old Beijing*. It must be a feature film, right?

Sandy: Not exactly, it's a documentary.

Eric: A documentary ... is it boring? Maybe it's not suitable for us.

Sandy: Not at all, because it's about an interesting story of a family. Everyone loves it.

Eric: I love family story. Did they live in a Hutong?

Sandy: Yes, you are right. They once lived in a Hutong.

Eric: I'm getting interested in it, so where can I see it?

Sandy: At Olympic Cinema on Olympic Road.

Eric：Perfect! It's near my home. I'm going to book a ticket right now.

2. 设计说明

本活动的设计目的在于让学生通过对已有段落信息的文本特征、信息类别进行分析和分类，以小组猜测、询问的形式还原缺失信息的文本内容，并将获得的文本内容嵌入特定的文本特征，按照已有信息的逻辑重塑原文本，以达到熟练操练口语和对文本进行逻辑分析的教学目标。和表格信息差的使用方法一样，教师首先需要做一些前期的铺垫工作，使学生明确活动目的。文本的主要内容依然是本课时的拓展内容，但主要目的在于巩固电影指南的信息特征和语段文本特征。结合前半课时的学习和拓展操练，学生根据电影指南的主要关键点对已有段落的信息和逻辑进行分析。随后，学生根据其他段落提供的信息，用一般疑问句组织对话，获取必要的信息，再仿照其他段落的结构形式把零散的信息组成语段。最后，学生通过交流信息的方式进行检验。段落信息差是表格信息差的进阶，学生不仅需要通过问答获取信息，还需要通过分析段落总结文本特征，并按照语言逻辑重新组织段落。这既对学生的口语能力提出了要求，又提高了学生的文本解读能力及文本写作能力，实现了多角度的能力训练。

（四）文章信息差

文章信息差活动多运用于阅读课，尤以 Jigsaw reading（拼板阅读法）最为常见。教师先把一篇文章分成几部分，然后组织学生分组阅读不同的内容，由此产生信息差，继而要求学生通过语言交际活动把所缺信息补充完整，以达到对整篇文章的了解。文章信息差的设计需要高阶思维，对语言功底和表达能力要求较高，适合高年级学生实践操作。

Jigsaw reading 为切块拼图法阅读，又称拼图法，即将文章分割成几个部分，再将部分拼成整体的一种学习方法。它的具体操作方法是：把阅读的语篇材料分解成若干个零散的片段，随机将这些片段分发给学生，让学生阅读片段并加以推理分析，再与他人进行沟通或对他人进行询问，形成小组后展开讨论，从而对信息进行符合逻辑的整合，把文章复原。

Jigsaw 是由 Aronson 和他的同事们在 1978 年开发研究出来的。在

1986 年，Slavin 教授在切块拼图法的基础上添加了任务确认和计分法，研究出了切块拼图法二（Jigsaw Ⅱ）；Holliday 和 C. Dwight 教授从学生掌握知识的准确度、教师补充讲授知识等方面进行了补充，发展出切块拼图法三（Jigsaw Ⅲ）和切块拼图法四（Jigsaw Ⅳ）。切块拼图法四（Jigsaw Ⅳ）在切块拼图法三（Jigsaw Ⅲ）的基础上添加了四个步骤，它主要解决了两个问题：学生是如何知道他们的回答是正确的，小组又是如何知道他们的答案是正确的。

这种方法使得生生之间、小组与小组之间以及学生与小组之间形成一种潜在的关系网。由于任务与任务之间的关联性很强，每个学生不仅要对自己的学习任务和同组同学的学习任务负责，还要通过彼此之间的相互合作促进组与组之间的知识共享，从而掌握知识。由此可见，切块拼图法阅读将有效地增强学生的自信心和合作能力。

针对 Jigsaw reading 模式中学生出现传递错误信息的问题，教师应该在学生阅读讨论时多走动，听取学生的讨论。针对部分讨论出现偏差的问题，教师要及时纠正。针对小组分配不均匀的问题，教师要在课前充分了解每一位学生的语言能力、表达能力、合作能力，从而均衡地分配小组。

案例：文章信息差阅读课教学片段

（文本）

ARTHUR(Article A)

I read in a book that we have a short-term memory and a long-term memory. When people get old, their short-term memory becomes weaker, but they can still remember things that happened a long time ago.

My granddad told me a joke about memory. He said, ‘When you get old, three things start to go wrong. First, you start to lose your memory. And I can’t remember what the other two things are!’

JOYCE(Article B)

Memory is essential for life. I saw a programme on television about a man who had had an accident and injured his brain. Afterwards, he could not remember anything for longer than a few minutes.

His wife visited him in hospital every day, but he forgot her visits a few minutes after she left. He was often angry with her because he thought that she never visited him. It was very sad.

TONY(Article C)

In *The Guinness Book of Records*, we can find some amazing stories about memory. For example, Gou Yanling from Harbin in China has memorized more than 15,000 telephone numbers. And Dave Farrow from America remembered the correct order of 2,704 playing cards, after seeing them just once.

PANSY(Article D)

One basic way of improving your memory is to use the link method. If you want to memorize something, you should make a picture in your mind. If the picture is silly, strange and colourful, you will remember it better. For example, I am trying to remember the word ‘smiles’. An easy way to do this is to imagine there is a ‘mile’ between the first letter and the last letter. This makes it the longest word in the world!

MILLIE(Article E)

Memory is connected with our feelings. For example, if someone says ‘This is a spider’, and then puts a large spider on your hand, you will probably remember the word ‘spider’! When something dramatic happens, we usually remember it well, and we also remember where we were and what we were doing. For example, most people in China can remember where they were when the opening ceremony of the 29th Olympic Games was held in Beijing in 2008.

选自《牛津英语》(上海版)Memory

1. 课堂活动设计

(There are eighteen students in one class.)

Step 1: Divide students into three groups (Group A, B and C). There are six students in each group.

Step 2: Students in Group A, B and C read articles A, B and C respectively.

Step 3: Regroup students and divide them into six groups. In each group, three members have read articles A, B and C. Share the contents of articles A, B and C in groups.

Step 4：Work out the opinions and examples of articles A, B and C.

Step 5：Read articles A, B and C together with the recording.

Article A：Arthur	Article B：Joyce	Article C：Tony
I read in a book that we have a short-term memory and a long-term memory. When people get old, their short-term memory becomes weaker, but they can still remember things that happened a long time ago. My granddad told me a joke about memory. He said, "When you get old, three things start to go wrong. First, you start to lose your memory. And I can't remember what the other two things are!"	Memory is essential for life. I saw a programme on television about a man who had had an accident and injured his brain. Afterwards, he could not remember anything for longer than a few minutes. His wife visited him in hospital every day, but he forgot her visits a few minutes after she left. He was often angry with her because he thought that she never visited him. It was very sad.	In *The Guinness Book of Records*, we can find some amazing stories about memory. For example, Gou Yanling from Harbin in China has memorized more than 15,000 telephone numbers. And Dave Farrow from America remembered the correct order of 2,704 playing cards, after seeing them just once.

2. 设计说明

本文的阅读设计分成了两个部分：采用了 Jigsaw 阅读和传统阅读相结合的阅读策略（快速阅读和细节阅读）。将 Pansy 和 Mille 两个部分结合在一起，主要是因为它们都在探讨记忆与感觉的关联性。而其他三个部分由于内容比较简单，学生完全可以通过互相交换信息达到读懂这三小段的目的。首先教师将班级分成三组，每一组分别读三小段文章（文章 A、文章 B 和文章 C），同时记录下各自所读内容的大意。随后，将全班重新分成六组，每组三人，每组中有三名学生分别读过 A、B 和 C 三小段文章。在小组中，学生可以相互交流自己所读到的内容。就这样，通过同伴的复述，学生可以读到自己没有读过的部分，一些不懂的单词、句型也可以通过生生合作完成学习。拼图法阅读是小组合作学习的一种有效形式，它要求学生在学习过程中既独立思考又相互依赖，极大地训练了学生的语言能力、表达能力和合作能力。在拼图法阅读之后，教师还需要设计一些小练习来检查学生的阅读效果，比如下面这张表可用来检测学生的完成情况。

表 8–7　学生完成情况检测

Name	Opinion	Example
Arthur		
Joyce		
Tony		

通过对信息差相关理论的学习和课堂实践，可以看出教师在教学中创设的带有“信息差”的交际语境对激发学生运用外语获取信息、进行交际的内在学习动机起到了重要的作用，也使外语学习更生动、更富有创造性。希望老师们多设计一些富含信息差的课堂活动，让语言学习更真实且富有情趣。另外，教师们在运用信息差理论进行课堂活动设计时，还要注意以下几点。

1. 真实性

在真实的情境中，学生会更乐学，更迫切地想和别人分享自己知道的东西。教师平时应多跟学生交流，了解他们掌握的信息情况，也要与时俱进，掌握实时或潮流信息，有的放矢地设计课堂学习任务，内容和话题要与中学生的兴趣爱好相结合，符合中学生的心理年龄及认知能力，确保设计的信息差活动能为学生群体提供交际互动、合作学习的机会。

2. 适切性

根据学生现有的实际语言水平，提供可理解的语言输入，确保设计的“信息差”能为学生提供运用多种语言功能进行交际的机会。信息差值过大或过小，都会影响交流的有效性。差值太大，潜在信息量大，水平较低的学生会产生不解或失去信心；差值太小，学生会因激不起认知兴趣而减弱学习动机。

3. 互动性

信息差活动的目的就是交换对方有的而自己没有的东西，这一切都离不开互动。在信息差任务中，教师需要考虑班级学生的优势互补，充分发挥学生的潜能，在小队或小组活动中，确保听说双方在仔细倾听和理解的基础上及时交流、反馈，在得到较多练习的同时培养团队合作精神。

第三节 综合运用

Quiz 小测试

看完课堂实录，请结合理论学习，独立完成以下测验题。

1. How did the instructor present a situation that required exchange of information because of a gap? 教师如何基于信息差设置情境？

☐ By recreating a new situation based on a description 根据描述设置新的情境

☐ By assigning a task 布置任务

☐ By presenting a problem to solve 提出问题

☐ Others 其他 ______________________________

2. How did the instructor focus students' attention on the information gap? 教师如何让学生关注到活动中创设的信息差？

☐ By demonstrating a piece of information in different ways 用不同方式呈现信息

☐ By modeling with someone 与某位学生做示范

☐ By explaining 口头解释

☐ Others 其他 ______________________________

3. How did the instructor use opportunities for students to practice their new knowledge? 教师如何为学生提供操练新目标语言的机会？

☐ By providing materials to guide students（i.e., visuals, worksheets）为学生提供材料支持（如视频、任务单等）

☐ By using a variety of grouping strategies（i.e., whole group, small groups, pairs, individuals）运用合作学习策略（如整组合作、小组合作、双人合作或个人完成）

☐ By providing more than one learning modality（i.e., kinesthetic, aural, oral, written）提供多种形式的学习方式（动觉的、听力的、口头的或书面的）

☐ Others 其他 ________________________________

4. How should the instructor provide an opportunity for the students to apply the material in a new situation relevant to their own life roles? 教师如何为学生提供将所学材料与实际生活运用相结合的机会？

☐ By having students provide responses based on their own experiences 让学生基于实际生活经验作答

☐ By having students interact with each other using their own words 让学生自己互相交流

☐ By having students complete an out-of-class assignment 让学生完成课外拓展作业

☐ Others 其他 ________________________________

5. 讨论题：请根据所给对话信息，选择设计信息差活动模式，并陈述理由。

（Jim is buying tickets for a movie.）

M: May I have two tickets for *Finding Nemo*?

W: OK. What time?

M: 2:30, please.

W: It's 60 *yuan*, please.

M: Sorry, we have student cards. We can get discounts with these, can't we?

W: Sure. That'll be 40 *yuan*, please.

M: Here is 50 *yuan*.

该信息片段适合设计为________模式的信息差活动。

A. 表格信息差

B. 图片信息差

C. 段落信息差

D. 文章信息差

理由是____

一、实战演练

请选取牛津或新世纪教材中某一单元话题，设计一个包含信息差的课堂实践活动，可采取表格、图片、段落或文章形式，说明活动设计及实施过程。

Information Gap 教学活动设计案例			
______区 ______学校 教师______			
年级		教学内容	
学习目标			
信息差模式	□表格 □图片 □段落 □文章		
活动设计及实施过程			
活动评价			

1. 参考设计

文本信息差的运用

Shanghai—an interesting city

Shanghai is in the east of China. It is an international city. Shanghai is famous for its night views. It is one of the largest cities in the world. It is also known as a ‘Shopping Paradise’ because there are a lot of department stores and huge shopping centres. Therefore, it is not surprising that many tourists come to visit Shanghai every year to shop!

People’s Square

People’s Square is known as ‘the centre of Shanghai’. If you go there, you will see a huge open area with green grass, trees, fountains and pigeons.

There are many new buildings around the square. You will find Shanghai Grand Theatre and Shanghai Museum there.

Pudong New District

Pudong New District is in the east of Shanghai. There are many bridges and tunnels, so it is convenient to travel between Pudong and Puxi. If you go to Pudong, you can see the Oriental Pearl TV Tower and Shanghai Science and Technology Museum. The Maglev takes you to the international airport in about eight minutes.

Sheshan

If you go to Sheshan about 30 km south-west of the city, you will see Sheshan State Resort. It has a huge park. You can see many birds in the park. You will also find a famous church and an observatory. Tourists usually go there for sightseeing and fun.

选自《牛津英语》（上海版）7B M1 U1 Writing a travel guide

Step 1：Divide students into three groups（Group A, B and C）. There are six students in each group.

Step 2：Students in Group A, B and C read "People's Square", "Pudong New District" and "Sheshan" respectively.

Step 3：Note down some key information: (1) Where is it? (2) What can tourists see and do at the place?

Step 4：Regroup students and divide them into six groups. In each group, three members have read "People's Square", "Pudong New District" and "Sheshan".

Step 5：Share the information of the part they have read before getting the main idea of the whole passage.

Step 6：Report the main idea of each part.

Step 7：Check students' understanding through exercises paragraph by paragraph.

2. 设计说明

本文和 Memory 一文相似，文章被分成多个部分且难度不大，因此非常适合用 Jigsaw reading 的形式来打破沉闷的课堂。班中 18 位学生被分成三组，每组学生（六人）读"People's Square""Pudong New District"和

"Sheshan"中的一个部分，同时思考两个问题：（1）Where is it?（2）What can tourists see and do at the place? 读完后再重新分成六组，每组三人，每组中有三名学生分别读过"People's Square""Pudong New District"和"Sheshan"三段文章。学生可以相互交流自己所读到的内容，在此过程中，教师并不是旁观者，而应该多走动，听取学生的讨论。当部分讨论出现偏差时，教师要及时纠正。

Jigsaw reading 通过创设机会让学生共同参与阅读、体验成功的快乐，不仅活跃了课堂，也有助于提升他们的自信心；通过合作方法和技能的培养，帮助他们学会合作，提高合作能力，进而掌握阅读策略，提高阅读的有效性。

参考文献

[1] H. Douglas Brown. 根据原理教学：交互式语言教学[M]. 北京：外语教学与研究出版社，2001.

[2] 杭宝桐. 中学英语教学法[M]. 上海：华东师范大学出版社，1998.

[3] David Nunan. Designing Tasks for the Communicative Classroom [M]. 北京：人民教育出版社，2000.

第九章

小组活动
Group work

小组活动是语言课堂中许多教师都热衷于采用的一种教学方式，它既能让课堂的形式更加丰富多样，也能让课堂氛围更加生动活泼。但何为小组活动？它的优势是什么？在进行小组活动时要注意哪些要素？教师在活动前需要做什么准备？在活动中要做些什么来进行引导？活动完成后，教师要如何帮助学生进行总结？如何评价学生的小组活动？对于这些问题，教师们往往并不完全明了。本章主要介绍初中英语课堂中教师组织小组活动时常见的微技能，包括教师活动前的指令和准备、教师活动中的观察和指导、活动后学生的反馈及教师的评价。

第一节　小组活动

一、背景

20 世纪 70 年代，通过研究现代外语课堂，学者们发现 80% 的课堂时间都是 Teacher Talking Time（TTT），学习者很难有机会在课堂中运用和操练语言。而学习的理想状态正如 Dewey[①] 所说：教师应创设程序民主、过程科学的学习环境。教师的主要任务在于让学生参与、探寻重要的社会与人际问题。杜威强调将学习者划分为小组解决问题，鼓励学习者自己找寻答案，并让他们通过交流学习民主原则。因此，在语言课堂中应减少教师的说话时间，增加学习者的表达机会。此外，“师生问答”是教师们过去习惯采用的教学形式，而学生只是被动地配合教师做出一些机械性的回应，导致无法发挥主动性和创造性，思维发展容易受限，学习兴趣也不高。后来，小组活动慢慢进入外语教学的课堂中。小组活动将课堂以教师为中心的传统模式转变为以学生为主体，教师在课堂中成了组织者和指导者，学生则成了真正的主角，也不再是学生配合教师，而是教师辅助学生来达成教学目标。

二、小组活动的定义

小组活动是一种学习者通过合作学习进而取得学习成果的学习形式，相较于个体学习而言，小组活动更具活力。在小组活动时，学习者会关注个体的差异，运用交流技巧，互相合作，互相质疑，在达成共识和取得成果的过程中运用和掌握语言技能。由此可以看出，小组活动能够包容学习者的个体差异，不同的水平、思维方式或沟通技能都能在小组活动的过程中有所体现。

① Dewey, J.（2001）. *Democracy and Education*. Beijing: Communication University of China Press.

对语言课堂来说，英国文化协会（British Council）在2008年对小组活动（Group work）作出了如下阐释：小组活动是指学习者在小组内共同合作，完成任务，小组合作能够增加学习者使用语言的机会，也让学习者能够互相学习，同时让教师有时间关注到学生个体，并且给予及时的反馈和指导。由此可见，小组活动是指学生以小组为基本形式，以小组成员合作为主体，以达到共同目标为标准，以小组总体成绩为评价依据的学习方式。

三、小组活动使用的条件和场合

对于语言教学而言，多样的活动确实能引发学生的学习兴趣，也能激励学生积极参与课堂，不论是听说、阅读还是写作等课型，都可以采用小组活动的形式。但“热闹”并不代表一定“有效”，因此，教师在决定是否采用小组活动时，应重点考虑以下几个方面：

（1）小组活动应服务于教学目标。小组活动确实可以让课堂变得非常生动活泼，但是表面的热闹是否真的有助于达成教学目标，是需要教师细细思考的。换言之，是否在课堂中使用小组活动取决于本堂课的教学目标。

（2）学生对小组活动的话题或主题应具有一定的了解。小组活动需要学生在组内自行练习、探索和思考，因此熟悉的话题或主题能让他们有更多发挥的空间，一些贴近学生学习和生活的话题更能够引发他们的共鸣和思考，也更利于学生进行表达。如果学生对话题感到比较陌生，教师最好能够在提供充足的背景知识后再组织学生进行小组活动，争取让每一个学生都能积极参与到小组活动中。

（3）小组活动的产出往往具有不确定性。教师在教学过程中会运用不同的组织形式，如个体活动、结对子活动、小组活动或全班活动。在复习或巩固基本知识时，如果是全体学生必须掌握的句型，教师往往会采用结对子活动，让所有学生参与操练。只有当学生活动非常复杂，活动结果具有不确定性，活动过程具有挑战性，要运用批判性思维或分析和解决问题的能力，需要学生分工合作、共同完成时，教师才会组织小组活动。

四、小组活动的关键要素

小组活动需要教师精心设计，往往从备课开始就决定了小组活动是否能够成功开展。教师在备课设计时应重点考虑以下要素：

（1）确定教学目标，根据教学目标合理设计小组活动。小组活动的开展不能脱离课堂教学目标，最终学生的产出应与教学目标相对应，并能够检测教学目标的达成度。

（2）明确学生的学习起点和学习难点，有针对性地设计难度合理的小组活动。小组活动最终的参与者是学生，因此，应充分考虑到学生的已有水平，预估其最近发展区，设置难度合适的小组活动。一方面，这能够激发学生的学习兴趣，不至于出现因为活动过于简单或太难而导致效果不佳的情况。另一方面，针对学生能力设计的小组活动能够使课堂教学更为有效。

（3）设置合适的情境，选择合适的话题。情境和话题能让学生有代入感，增强他们开展活动的欲望。可以选择贴近学生学习生活的情境和话题，使他们有话可说。

五、小组活动的优势

经过几十年的实践，小组活动在课堂教学中的优势慢慢凸显出来。Springer、Stanne 和 Donovan[①] 曾经说：如果学生能够参与到形式多样的小组学习过程中的话，不论是正式的合作学习还是非正式的交流互动，他们就能获得更多的学习体验，展现学习成果，从而更积极地进行学习，这也有利于他们进行长期的学习。除此之外，针对语言课堂，一些学者也通过实践发现了小组活动的优势，比如 Amy.L[②] 曾列举了一些运用小组活动的好处：

（1）学习者有了更多使用语言的机会；

（2）小组活动能帮助教师丰富课堂活动的形式；

（3）将课堂的重心放在学习者的身上，做到以学习者为主体；

（4）让学习者有机会融入小组内，互相学习；

（5）使学习者有机会体验目标达成的喜悦；

① Springer, L., Stanne, M. E.,& Donovan, S. S.（1999）. Effects of Small-group Learning on Undergraduates in Science, Mathematics, Engineering and Technology: A Meta-analysis. *Review of Educational Research.*

② Amy, L.（2007）. Group Discussion Skills. British Council, India.

（6）使学习者学会合作学习，而不是简单地通过教师的讲解来学习；

（7）让教师能够观察学习者的学习产出，关注个体的学习情况。

此外，一些学者和一线教师也认可了小组活动的好处，如：学生有了更多练习目标语言的机会；学生有机会与他人合作，不但从教师的教授中学习知识，也能从与同伴的合作中学会语言知识和技能；学生能够自己分配时间，学会合理安排；学生有机会在真实的语境中练习使用语言；在与同伴合作学习的过程中，学生更加放松，学习的氛围更加和谐融洽；教师也有机会观察学生的表现，检测教学成果等。

由此可见，小组活动为学生提供了更多练习使用目标语言的机会，课堂的重心转移到学生身上，不再是教师的一言堂，课堂形式更为丰富多样，课堂氛围更加生动，学生的学习体验也更加丰富。在小组内，学生因语言水平和学习能力不同可以优势互补，体验同伴间互相学习的乐趣。小组活动也为学生提供了学以致用的机会，合作完成富有挑战性的任务，有利于他们提升合作意识，培养沟通技巧。此外，小组活动能激发学生的学习兴趣，通过共同努力达到活动目标后，学生也能提升自信。

对教师而言，小组活动帮助教师关注学生的语言产出。在学生活动的过程中，教师有机会观察学生整体及个体的表现，一方面能够检测教学目标是否达成，真正了解学生对目标语言的掌握程度，另一方面也能够根据学生在小组活动过程中的表现及时调整教学策略，更好地进行总结归纳，为下一步教学做好充分的准备。

六、小组活动存在的问题

虽然小组活动有很多优势，也越来越广泛地被运用到课堂中，但是在实际的语言教学课堂实践中，教师对采用小组活动也存在着一些疑问。他们担心在小组活动过程中可能会出现失控的现象，课堂会显得很吵闹，也担心无法同时关注到每一个学生，怕学生偏离活动目标等。

在语言课堂的实践过程中，相信每位教师都遇到过许多问题，下面罗列的一部分问题是否也是你的困惑呢？

比如，是不是所有课型都有必要采用小组活动？小组活动能不能帮助达成教学目标？小组活动前，由于学生的水平和能力有差别，如何合理安排分组和分工？教师精心设计了小组活动，可是为什么学生没有按照要求来开展？如何保证每一个学生都能够明白小组活动的目标和各自的任务？如何鼓励学生积极参与小组活动？学生在小组活动过程中，教师应该如何观察，观察什么？对于能力有限的学生，如何帮助他们克服障碍，顺利达成活动目标？对于不愿合作或不敢开口的学生，教师应该如何进行引导和鼓励？学生在小组活动过程中出现了错误，教师该如何纠正？小组活动后，学生如何呈现小组活动的成果？在小组单独呈现活动成果时，其他学生该做什么？对于学生的小组活动，教师该作何反馈？教师在总结小组活动时，该从哪些方面着手？

确实，小组活动是一种能够激励学生学习的教学手段，但我们要牢记一点：活动前的精心设计、活动中的悉心指导和活动后的有效评价是保障小组活动顺利展开的关键，缺少任何一个环节，都无法顺利达成教学目标。

第二节 小组活动微技能

训前思考

1. 教师在小组活动前、中、后应该做些什么呢？
2. 您知道小组活动有哪些微技能？

小组活动需要多位学生共同协作来达成任务目的，它不仅能激发学生的积极性，鼓励学生主动学习，还能帮助学生发展批判性思维、交流和作出决策性判断的技能。很多教师都喜欢设计小组活动，它成了教育教学中的重要组织形式。

小组讨论后进行汇报、小组完成一项海报设计、以小组为单位排练一个短剧等都是初中英语日常教学中常见的小组活动形式。这些活动看起来非常热闹，其实多数都流于形式，只停留在你说你的、我说我的层面，没有真正达到互动交流的目的，效益不高。造成活动低效的原因有很多：可能是设计小组活动情境时考虑不周，也可能是教师在布置小组活动和执行时没有把握好相应的教学微技能，小组活动仅仅是在浪费时间，学生无法理解教师的意图，教师也无法通过小组活动结果观测教学目标的达成，更别说培养学生的能力了。因此，为了更好地组织小组活动，让小组活动的效益最大化，教师需要具有相应的教学微技能。

我们将小组活动分成三个阶段：小组活动前、小组活动中、小组活动后。在这三个阶段，教师的作用不可或缺。小组活动前，教师需要给出清晰的活动指令。小组活动中，教师需要进行相应的指导。而在小组活动后，反馈必不可少。对应这三个阶段，我们将着重介绍三项行之有效的微技能：Instruction Checking Questions（ICQ）、Monitoring On Task（MOT）、Cross Group Interaction（CGI）。

一、活动指令的给出与检核

要理解这一微技能，我们首先要理解何为活动指令。活动指令（Instructions）是指教师给出的关于活动的清晰明确的指令。活动指令贯穿整个活动，教师给出的每一个指令都关系到学生能否顺利完成活动，清晰的活动指令能保障活动的顺利开展。活动指令的语言应简单精练，确保每一个学生都明白要做什么、怎么做。通常，教师在指令中要明确以下内容。

第一，任务目标。要让每一个学生明白活动的目标是什么，每个小组要通过小组活动达成这个共同的目标。

第二，活动内容。要通过指令让学生知道每一组要做的具体活动，可以将活动的具体内容按步骤罗列在黑板上，提示学生先做什么、后做什么及如何做来达到最终目标。步骤的提示可以始终呈现在黑板上，随时提醒学生任务的内容和步骤。

第三，分组和分工。教师要合理设计活动角色，根据学生的能力合理协调，通过指令帮助学生分组分工，让每一个学生都有事可做，并能够取得一定的成果。比如：可优先考虑请有较强组织能力和合作意识的学生担任每组的小组长，指挥小组展开活动，帮助组内成员完成各自的任务；可以按照“因生而宜，力所能及”的原则在小组内部进行合理分工；可由教师分配任务，也可请学生按照自己的能力和意愿选择合适的角色；可以设立一些任务相对较为简单的角色，如助理等，让能力有限的学生也能积极参与到活动中。David W. Johnson、Roger T. Johnson Karl A.Smith 等人[①]也提供了一些分工的建议，比如：总结者，即对大家的结论进行总结陈述，询问其他小组成员是否同意；研究人员，即收集背景信息并查找任何附加信息；检查者，即检查事实是否正确；观察者，即做笔记并记录小组活动过程；等等。

第四，活动时长。明确活动的时间长短能提醒学生合理分配时间，在既定的时间内达成活动目标。

学生对指令的理解是整个活动的基础，因此，确保每一个学生明白要做什么、如何做成了活动顺利展开的关键。教师在给出指令时，既可以用语言明确告诉学生活动的各项要素，也可以把指令或一些关键词以 PPT 的形式呈现给学生。除此之外，教师也可以亲身示范，让学生形成直观的感受，确保不同学习水平的学生都能够明白活动要求。

而在日常的课堂观察中，我们发现在小组活动前存在以下问题：教师指令表达不清，遗漏了上文提到的指令应包含的必要内容；教师指令表达过于复杂，学生无法理解小组活动应该干什么；部分学生没有听懂教师的指令，带着疑惑进行小组活动；等等。这些问题都会导致小组活动的低效。试想，没有明白活动要求的小组如何达成最后的教学目标呢？学生只明白了小组活动的形式，却体会不到小组活动的意义。要解决这些问题，教师就可以使用一项微技能——Instruction Checking Questions（ICQ）。

ICQ 是通过提一些与教师所给指令相关的问题来检测学生是否听懂或读懂了指令，是否明确了小组活动中自己的任务安排。教师提出 ICQ，不仅能检测学生对小组活动的理解，还能帮助学生再次明确自己在小组活动中的任务。

首先，ICQ 应该是为小组活动任务量身定制的一系列问题，切忌泛泛而问。常见的 ICQ 有："How many of you are going to do the task?" "Is the task individual, in pairs or in groups?" "Who are you working with?" 这

① Johnson, D. W., Johnson, R. T., & Smith, K. A.（1991）. Cooperative Learning: Increasing College Faulty Instructional Productivity. ASHEERIC Higher Education Report, No. 4. Washington DC: School of Education and Human Development, The George Washington University.

些问题主要用于检测学生是否明确小组活动人数以及自己的分工。"What equipment or resources are you using?" 这个问题用于帮助学生明确小组活动使用的材料。"How many minutes do you have?" 这个问题用于检测学生是否了解小组活动所用时间。"Do you need to give your idea first?" "Do we first draw a picture about that?" 这些问题可以检测学生对活动步骤的了解。"How many people are you going to hear?" "What are their names?" 这些问题可以检测学生对活动内容的理解。总之，ICQ 应该关注到小组活动任务中的各个方面。教师如果能有意识地提出这些问题，就能避免在布置指令时出现表达不清或内容缺失的情况。

其次，ICQ 的目的是让学生更好地明白小组活动中所要做的任务，所以每个 ICQ 都应有明确的答案，可以从易到难；不过教师应明确 ICQ 是对布置小组活动任务时给出的信息的提问，不应该有学生自我思维的二次加工。所以，常见的 ICQ 多以一般疑问句的形式，让学生回答"是"或"不是"，不对学生进行小组活动造成心理负担，而是通过提问进一步加深他们对活动指令的理解和印象，从而保证小组活动的质量。

再次，ICQ 的提问对象应该以全班同学为主，选择合适的问题，而不只是简单地问"Do you understand?"，旨在帮助全班所有学生明确小组活动的任务。ICQ 的使用时机可以是教师布置完所有指令后，也可以是说完一条指令提出一个 ICQ。

接下来我们通过《牛津英语》（上海版）的一则教学实例，来看看教师应该如何通过使用 ICQ 来检测学生是否明确指令内容。

案例：提出 ICQ 教学片段

（文本）

Soon after the term started, some Grade Eight students at Mayfield School wanted to publish a newspaper. They held a meeting. Later, Arthur wrote this report about their meeting for the headmaster.

We held a meeting after school. Pansy, Tony, Joyce, Millie and I were at the meeting.

First, we decided to elect the chief editor. Tony suggested that we should choose Joyce, because she has experience. She was an editor of her class newspaper last year. Then we all voted for her. We elected Joyce to be the chief editor.

Then Joyce took charge of the meeting. She said that we ought to elect a secretary next. She asked for suggestions.

Millie suggested me, because I have experience too. I was secretary of the Reading Club last year. Then the others voted for me, and I was elected to be the secretary. I started taking notes.

Joyce said that the other three would be editors of the paper. They would be responsible for different sections of the paper. Pansy asked which sections they would have. Joyce told them to talk it over among themselves, and said we would decide at the next meeting.

Then we made a list of some other things we should discuss. For example, how often should we publish the paper? Should it be free to readers, or should they pay for it? What should we call it?

We considered the last question briefly. Pansy asked whether we could call it *The Mayfield Sun*. Millie suggested *The Mayfield Mirror* or *the Mayfield Star*.

We all had different ideas, and so Joyce said that we should think about this a bit longer. We would make a decision about the name at the next meeting. We agreed to conclude the meeting then. We arranged to have the next meeting in one week's time.

选自《牛津英语》(上海版)8B U4 A new newspaper

1. 课堂活动设计

(1)小组活动内容

表 9-1 小组活动内容

单元	《牛津英语》(上海版)八年级下册第四单元 A new newspaper
活动名称	校报团队讨论创办校报所需解决的问题
活动目标	运用所学的语言知识进行准确的口头及书面表达:就办校报所需解决的问题,通过讨论、协商来确定解决方案
活动落实	第 1 课时
活动时间	20 分钟
活动类型	输出活动

（续表）

活动内容	任务描述：先模仿课本中报社的讨论，根据单元所学内容，运用掌握的语言知识口头表达各自的解决方法，然后通过协商、举手表决等找到统一的解决方案，并作书面记录，呈现形式为小组汇报。
活动形式	小组
活动资源	文本、资料
活动反馈	口头 + 书面

（2）教师的活动指令

Let's work in groups of five: one chief editor, three editors and one secretary. As a team, please hold a meeting for our school newspaper.

First, share your ideas about the problems.

Next, find the best solutions and take them down on the worksheet.

Then, prepare for the report and present it after the group work.

You will have 10 minutes.

Report

- **How often should we publish the new newspaper?**

We decided to publish it____________________.

- **Should it be free to readers, or should they pay for it?**

We suggested that________________________.

- **What should we call it?**

name of group members		name of the newspaper
	suggested we should call the newspaper	

We finally agreed that______________________

because________________________________.

- **New problem(s) of the newspaper (about the sections; news; editors...)**

1.

...

图 9-1　学生活动单

（3）教师的 ICQs

Question 1: How many students are there in one group?

Question 2: How many minutes do you have?

Question 3: Who will organize the meeting?

Question 4: Are you going to hold a meeting or write a story?

Question 5: Then why are you going to hold a meeting?

Question 6: Are you going to write a report first?

Question 7: Then what are you going to do first?

Question 8: When do you need to finish the report?

2. 设计说明

ICQ 的目的是检测学生是否明白了小组活动的分工、要求等，但是 ICQ 的提出必须建立在教师给出清晰的指令的基础上。以上小组活动是《牛津英语》（上海版）8B U4 A new newspaper 第一课时的一个输出活动。本单元围绕“报纸”这一话题展开，阅读的文本是一篇会议记录，记录了五人的校报团队关于出版校报前要考虑的问题和安排所展开的讨论。它以第三人称的方式将会议的内容和步骤用简单的句子清晰地罗列出来。学生通过阅读该文本，将对整个会议有更清晰的认识，掌握如何提出个人意见，并讨论、协商出解决方案，同时体会并总结出会议记录，准备进行客观、清晰的描述。

因此，针对以上教材文本的分析，教师设计了“校报团队讨论创办校报所需解决的问题”的小组活动。活动形式与课文内容相一致，同样是五人团队讨论新校报出版时遇到的问题，讨论完后进行会议记录。教师的指令中既有明确的分工，如“Work in groups of five: One chief editor, three editors and one secretary.”，也有小组活动的时间，如“You will have 10 minutes.”，更多的指令是关于小组活动的内容与步骤。在给出相关指令后，教师提出了 ICQ，以检验学生是否理解本次活动。ICQ 的提问对象为全班，“How many students are there in one group?”“How many minutes do you have?”用于检查学生对小组活动人数和时间的认识。“Who will organize the meeting? ”用于检查学生对小组活动分工及要求的认识。“Are you going to hold a meeting or write a story?”“Then why are you going to hold a meeting?”这两个相互关联的问题用于检测学生是否了解小组活动的内容和目的。“Are you going to write a report first?” “Then what are you going to do first?” “When do you need to finish the report?” 这三个问题用于检测学生对活动步骤的认识。

通过这样的提问，学生能更明确活动的要求、内容和步骤。所以，ICQ 是小组活动前指令给出后必不可少且行之有效的微技能。有了它的保驾护航，小组活动的品质和实施就有了保障。感兴趣的教师可扫描二维码观看相关视频。

二、活动观察和指导

教师给出活动指令后，学生就开始了小组活动。有很多教师认为，学生在开展小组活动时，自己只要静静地在一旁等着小组反馈就好。事实是，学生在小组活动过程中会出现很多问题，如果这些问题得不到及时的解决和指导，那么小组活动的质量和有效实施就打了折扣，直接影响小组活动最后的反馈。所以，教师应该走到学生中去进行活动观察和指导。我们把这样的观察和指导称为 Monitoring On Task（MOT）。它指的是在小组活动过程中，教师对学生进行观察和倾听，并在学生遇到困难时给予恰当的指导和建议。在课堂实践中，我们不难发现，在学生活动时，如果教师能够适当地激励和指引，小组活动的效果会有所提升，达成目标的可能性会增加，同时小组的合作意识会增强，学生参与活动的积极性也会提升。

那么，教师观察什么，指导什么呢？在进行小组活动时，教师可以一边在教室内走动，一边观察各组的活动过程，将重心放在学生身上，仔细观察和倾听学生的表达，关注小组成员之间的互动。也就是说，教师在小组活动过程中应时刻关注小组活动的进程，观察小组成员是否都在按照分工向着目标努力。如：是否有一位学生“一言堂”的情况，是否有学生只做倾听者消极应付的情况，是否有学生碰到问题无法继续进行的情况，是否有学生使用中文交流的情况，是否有学生讨论偏题的情况。可见，教师观察的点广而多，因此学生小组活动不是教师的休息时间，而恰恰是教师最忙碌的时候。

明确了观察小组活动的任务，教师还应该注意在观察和指导过程中尽量避免打扰学生小组活动的流畅性。在活动过程中，学生处于思维碰撞、自由讨论的状态，频繁的打断会影响学生流畅的表达。有时候，教师甚至可以考虑离开房间一小段时间，教师的缺席会增强学生分享不确定性和分歧的意愿。[①] 所以，教师要为学生提供充足的时间进行讨论。当教师发现学生在交流过程中出现语言错误时，常见的做法是立即打断并纠正，殊不知这样做就阻碍了学生活动和交流的流畅度。正确的做法应该是将这些错误记录下来，在小组活动后的反馈中进行统一交流。

当然，如果关注到学生们遇到了困难，就要给予一定的支持和指导。如学生遇到无法立刻克服的困难时，教师应该鼓励学生举手提问，看到学生提问后，教师可以蹲下身子融入小组，给学生一定的指导或建议，适时地进行引导和鼓励，帮助学生们顺利达成目标。在学生因遇到困难而导致活动停滞时，教师可先运用语言、肢体动作或其他辅助工具给予指导，如在黑板上提示一些关键词，或使用写有关键词的卡片进行引导。假设仍有小组无法顺畅地开展活动，教师可以作为该小组活动的参与者，一同活动一段时间，以保证该小组活动继续进行。对于跟不上节奏的学生，教师可适时鼓励，或与其轻声交谈，帮助他快速跟上小组进度。当发现学生的小组活动偏离了教师设计的目的，教师也可以及时干预，并通过问题引导学生完成应做的任务。由于学生的语言水平不同，对于同一任务，有些能力较强的小组可能会提前完成，对较早完成活动的小组，教师可补充一些与教学内容有关的材料或布置一些更具挑战性的任务，让他们继续相关的学习活动。

教师在观察时，需要准备一本本子记录学生在活动过程中的问题、参与度和亮点等。这不仅有助于教师在活动后的反馈中帮助学生进行总结，也可以让教师在不打断学生活动的情况下，了解活动的进程、学生的表现，对教学目标的达成度做到心中有底。

用好 MOT 微技能可保障小组活动的有序性和有效性。总之，在学生进行小组活动时，教师要不断深入各个小组，帮助学生达成活动目标，及时发现问题，适时指导和反馈。感兴趣的教师可扫描二维码观看相关视频。

下面，我们通过教师使用 MOT 的两个教学实例来进一步了解这项微技能。

① Jaques, D. (2000). *Learning in Groups: A Handbook for Improving Group Work*, 3rd ed. London: Kogan Page.

案例一：《牛津英语》（上海版）8B U4 的输出活动——校报团队讨论创办校报所需解决的问题

1. 课堂活动设计

表 9–2 教师的指导行为记录

教师的观察行为记录	来回走动并参与小组活动时的问题
教师的指导行为记录	1. 使用“No Chinese!”卡片提醒学生使用英文进行小组活动。
	2. 有学生举手提问：“Do we need to list all the names of the newspaper?”教师作答并对 worksheet 内容进行指导。
	3. 有学生没有参与小组活动，教师提出“What did you talk about just now?”的问题与其交流，促使该学生投入小组活动。
	4. 有小组提前完成任务，教师布置新任务“present the report and improve it”使学生继续活动。

2. 设计说明

案例一的内容沿用了上一节 ICQ 微技能课例 8B U4 A new newspaper 中的小组活动。学生参与小组活动时，教师不是站在讲台前观察学生，而是在教室中走动，并有目的地去观察小组活动。教师还用便条记录下学生在小组活动中普遍存在的问题，如表达过程中学生时态使用不恰当等，便于活动后及时反馈。

教师在观察小组活动时，没有打断学生小组活动的进行。如遇到学生使用中文进行小组活动时，教师使用卡片“No Chinese!”友善提醒学生，以保持该小组活动有效进行。教师在观察活动中的另一个作用是及时解答学生的问题。当学生举手提问时，教师主动给予回应，并提供帮助。同时，教师在发现有学生消极参加活动时也采取了措施，通过问题“What did you talk about just now?”来了解该学生的情况，并继续通过提问“Do you agree with this name of the newspaper?”激发学生参与活动的积极性。学生小组活动的速度有快有慢，教师在观察中时刻留意各小组的完成情况。遇到个别小组快于其他小组时，教师还布置了“准备活动汇报”这样的新任务使该小组继续活动。

案例二:《牛津英语》(上海版)7A U1 的输出活动——讨论撰写旅游计划时需考虑的要点

1. 课堂活动设计

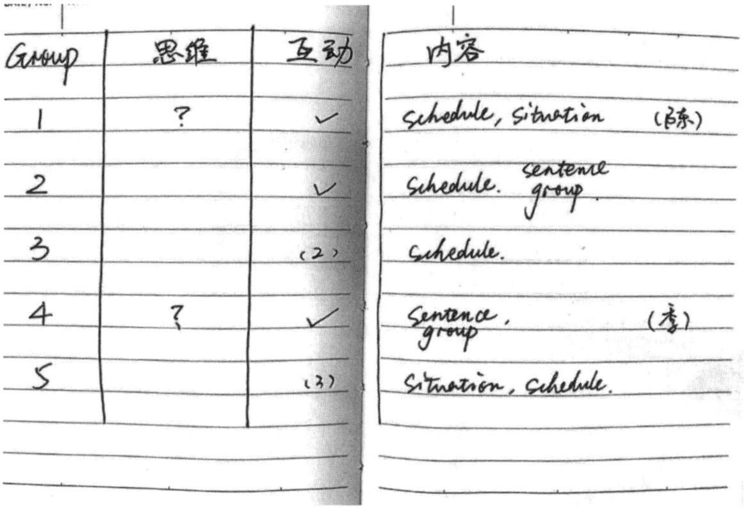

Group	思维	互动	内容
1	?	✓	schedule, situation (陈)
2		✓	schedule. sentence group.
3		(2)	schedule.
4	?	✓	sentence, group (李)
5		(3)	situation, schedule.

图 9–2　教师的活动观察记录

2. 设计说明

案例二的教师在小组活动的有限时间内，除了关注学生讨论的内容之外，还观察、记录学生的思维和互动情况，以便检测教学目标的达成，在活动后及时进行反馈，这样做充满了教学智慧。记录的第一列内容是小组序号，第二列内容是学生是否进行了积极的思维，第三列内容是学生是否有互动及互动人数，最后一列是学生讨论旅游计划时所关注到的信息内容。从记录的内容来看，第一、第四组学生在交流中相互质疑，做到了全员参与讨论，而第三组只有两位学生比较积极。通过观察记录，教师可以及时了解学生在小组活动中思维的积极程度和交流互动的效果，从而了解活动完成的质量，评估小组活动设计的实施效果，为进一步调整教学策略、更好地实施后续教学打好基础。这样的记录简单又全面，能够帮助教师带着观察点去观察小组活动。

以上两个案例充分体现了小组活动时教师的观察与指导微技能。

教师可以了解到在小组活动时具体应该做什么、应该使用哪些行为来观察并引导，以及记录小组活动过程的观察点和方法。可见，在学生进行小组活动时，教师也有相当重要的任务，要时刻关注小组活动的进程，发现问题并及时解决。教师只要用好 MOT 这一项微技能就能保证小组活动的完成质量。

三、活动呈现与反馈

小组活动结束后，需要进行小组反馈。大多数的小组反馈形式为先派小组的代表进行一个汇报或小组成员共同完成一个表演，然后教师就汇报或表演给出以表扬为主的评价。这样的活动反馈是真正的活动反馈吗？要回答这个问题，我们先来了解一下什么是活动呈现与反馈。

活动呈现与反馈是小组活动中非常重要的过程。小组活动之后，学生的成果展示可采取多种方式，既可由小组推选代表呈现，也可由全组成员共同完成汇报。Brookfield 和 Preskill①曾给出一些关于小组汇报的建议：在口头报告中，教师可以让每组给出一个想法，并在各组之间轮换，直到没有新的想法出现。教师也可以让每个小组给出最令人惊讶、最具启发性的见解或最具挑战性的问题。教师可以通过记录学生提出的想法来验证其价值。在书面报告中，教师可以让每个小组记录下自己的想法并展示出来。教师也可以让小组将他们的结论记录在黑板或挂图纸上，随后学生们正式传阅并阅读彼此的答案。或者，教师可以要求学生分好组在教室里走动，从一组轮换到另一组，并添加他们的评论作为回应。

教师在设计呈现形式时应该记住，无论采取何种呈现方式，都要尽量体现小组的合作意识，尽量使每位学生都能参与到活动反馈过程中。呈现形式应该与小组活动内容具有统一性而不是剥离的。小组活动最后的呈现也肩负着检验学生小组活动效果、小组活动目标是否达成的使命。教师应该多给学生展现的机会，这样才能对教学目标的达成更有把握。

小组活动呈现后，教师应就小组活动过程给予学生反馈。小组活动反馈既是对活动的总结，也是提供学生反思自己学习，告诉学生在学习中可以继续提高的地方，并且提供给教师机会来检测活动目标的达成情况。反馈应该不仅包括教师与某一位或某几位学生的单向交流，还包括

---

① Bookfield, S. D., & Preskill, S.（1999）. *Discussion as a Way of Teaching: Tools and Techniques for Democratic Classroom*. San Francisco: Jossey-Bass Publishers.

全班学生讨论、分享的多向交流。反馈可以出现在小组活动之后，比如小组进行成果展示后学生自己及生生间的反馈，或教师对学生小组活动中出现的共性问题和表现作出的反馈和评价。

评价小组活动不是一件容易的事，在给出反馈之前，教师应先确定从哪几个方面评价学生的小组活动，是对活动结果的评价，还是对活动过程的评价，是对小组整体进行评价，还是对个体表现进行评价。通常，教师的反馈应该关注学生小组活动的过程而不仅仅是结果，提炼学生的亮点，提出共性问题并引导学生先自我解答。反馈可以包含以下三个方面：（1）对学生小组活动成果展示的评价，即活动目标是否达成，活动的要求是否做到；（2）对学生在小组活动过程中表现的评价，即每个组员是否完成了自己的任务，在小组活动中是否按要求使用了目标语言，是否能够表达自己的观点等；（3）对活动过程中所记录的优点及普遍存在的问题的总结，即小组成员是否有合作意识，目标语的使用是否有误等。教师的反馈应是客观、具体、有效且简洁的，尽量避免笼统的评价，可以针对学生的弱点或失误具体举例并评价，能让学生清楚地知道问题所在，明确努力和改进的方向。对于个别问题，教师可以用语言进行评价，给出鼓励和希望；对于普遍存在的问题，教师可以记录在黑板上，依次点评。当然，强调学生在活动中好的表现，不仅能够增强学生的自信，也能够为全班树立优秀的榜样。

由此可见，优质的小组活动的呈现与反馈，其主体应该是学生，其目的是帮助学生互动交流，更好地掌握所学内容，达到教师设计的活动目标。现在再回到上文提到的选派代表汇报或小组表演短剧的呈现形式，可知教师单一的“好！”“很棒！”的评价既无法帮助学生在小组学习后有更多的成长，也不能让教师检验自己设定的活动目标是否达成。因此，教师应该学会使用第三项微技能——Cross Group Interaction（CGI）。它指的是在小组进行成果展示时，教师要调动全班的积极性和参与性，设计让组与组之间能有所互动的问题或活动，比如请学生填写小组活动观察量表，对其他组的表现作出评价，以此增加组与组之间的互动，这样做不但能够引导学生倾听和关注，而且能够让学生通过对比发现自身的不足，学习优秀的经验。感兴趣的教师可扫描二维码观看相关视频。

具体地说，CGI 这一微技能就是为了帮助教师注意到以下几方面：

第一，要设计能引导学生倾听的反馈。倾听是交流、合作学习的基础，也是学生间相互尊重的体现。较为常见的现象是：小组活动反馈时，除了正在反馈的小组以外，其余学生都没有养成倾听的习惯，他们或继续关注自己的小组活动或在课堂中走神。为了避免发生这种情况，教师在小组交流时要引导没有交流的学生认真倾听。稍后，教师既可以就汇报内容询问学生是否赞同或反对，也可以通过设计专门的活动观察量表来帮助学生在倾听时收集信息。

第二，要设计能让学生提问的反馈。在学生倾听完后，教师应该将舞台留给学生，让他们提出疑问。比如每次小组活动呈现后，教师不要急着评价呈现过程中出现的问题，而应该由学生来提问。这样既可以检测学生是否做到了倾听和思考，也能通过一问一答的形式促进学生之间的反馈互动。

第三，要设计能让学生评价的反馈。在学生提出疑问后，教师可以邀请他们继续评价小组活动的呈现，而不是自己来“包办”评价。学生在评价过程中关注到的方面可能比教师关注到的还要多。教师可以引导学生围绕设计的评价量表来进行评价，也可以通过直接提问来引导学生进行评价。当然，评价时还不能忘记学生自己以及小组活动内部成员间的相互评价。自己的反思与组员间的评价会使学生更清楚自己是否很好地完成了小组活动、自己在小组中的作用以及可以改进的地方。

下面，我们通过两个课例来了解一下教师是如何使用 CGI 这项微技能的。

案例一：《牛津英语》（上海版）8B U4 的输出活动——校报团队讨论创办校报所需解决的问题

1. 课堂活动设计

教师设计的小组活动呈现形式为小组代表以“report”的形式汇报小组会议的讨论内容和结果。在小组代表汇报前，教师要求学生在听的过程中思考这些问题：“Do you like their name of the newspaper? Why or why not? What else do you want to know about their newspaper?”在学生汇报完后，其余学生与汇报的学生进行了互动与再补充。待学生的所有反馈结束后，教师再将学生普遍产生的问题板书在黑板上并邀请学生自行修改。最后，教师就小组活动中学生表现的亮点及合作意识进行了评价。

2. 设计说明

学生完成小组活动后，教师要求小组代表就讨论结果进行汇报。在这一过程中，教师通过问题来引导其余小组认真听取汇报并评价该组的讨论结果。在汇报完毕后，其余小组纷纷就教师给出的问题对汇报小组进行评价。教师在此过程中，可以继续通过问题诱发小组间深入地进行交流与互动。比如有小组表示不喜欢校报的名称，在他们阐述完理由后，教师可以提问："What's your name of the newspaper? Why do you think yours is better?"这样的问题就能促使组间产生互动，各小组可以对校报名称、校报出版时遇到的新问题再次进行讨论，这不仅可以让每一位学生都认真听取其他小组的成果汇报，还能更好地检测小组活动的达成效果，并为发言的小组提出更好的修改建议。在组间评价后，教师对学生在讨论过程中提出的各种校报出版需要解决的新问题表示赞赏，这是学生们创新思维的体现。同时，教师还修正了小组交流过程中过去时时态的使用问题。在肯定了小组活动的一些想法和表现，解决了活动中普遍存在的问题之后，教师进行了一个总结性的反馈。可见活动反馈的主体始终是学生，整个过程真实有效。

案例二：《牛津英语》（上海版）7A U1 的输出活动——讨论撰写旅游计划时需考虑的要点

1. 课堂活动设计

教师设计的小组活动呈现形式为小组代表交流本组讨论出的写作时应注意的要点，即 tips for writing。随后，教师通过提问"What do you think of their tips?"来引导学生评价小组活动，并提出自己的想法。当学生指出汇报的问题后，教师通过追问"So what should be your writing tips? Can you add one sentence to tell the situation?"来促进学生发现并修改错误。最后，教师将学生小组活动中所阐述的所有写作时应关注的要点记录在黑板上，并帮助学生进行归类。

2. 设计说明

7B U1 要求学生以小组的形式讨论撰写旅游计划时需考虑的要点。学生们在评价时要"言之有理"。比如有学生表示小组总结的要点都与时间有关，是重复的内容。发表观点后，他们还能阐述自己的理由。学生之所以能有逻辑地评价其他小组的活动成果，是因为教师通过提问引导他们关注到了该小组活动中的不足之处，同时也体现了教师信任学生，让学生担任小组活动的评价主体。在学生提出疑问后，教师还鼓励学生拿出解决方法，补充交流自己小组的讨论结果。教师的问题“盘活”了整个课堂，学生之间的互相质疑与补充让课堂气氛变得热烈起来。而在这样的课堂气氛中，学生也在思考、学习并进步着。最后，教师将学生讲到的所有要点进行分类总结，这样做既肯定了学生总结的要点，又使学生进一步理解了这些要点。

以上两个案例中，教师都通过提问的方式来引发学生的互动反馈。不同的是前者是在小组活动结果呈现前要求学生带着问题倾听并就问题的答案来表达自己的质疑与评价，后者则是在活动后教师通过一环扣一环的问题来诱发学生的评价和互动。两者都非常贴切地使用了 CGI，同时关注到了互动的重要性，并促成了互动。

本章结合案例向大家介绍了三项微技能，即小组活动前的 ICQ、小组互动中的 MOT 及小组活动后的 CGI。小组活动这一形式对提升学习效果有着非常积极的作用。教师们要用好小组活动，而不仅仅是流于形式。因此，在组织活动时，教师尤其要关注小组活动指令的传达是否清晰、学生活动过程是否顺畅、活动后的反馈是否有效。希望通过对三项微技能的学习，教师能够更好地关注小组活动的效果，有理有据地设计小组活动，从而达到预设的活动目的。

第三节　综合运用

一、实战演练(一)

请根据所提供的文本及小组活动的要求设计指令，帮助学生在活动前明确活动的各项要素和要求。

(文本)

Miss Guo: Hello, Kitty. I’d like to buy some food. What food are you selling?

Kitty: I'm selling raisin scones and fish and chips. They're English food.

Miss Guo: How much do they cost?

Kitty: A raisin scone costs three *yuan* and five *jiao* and a plate of fish and chips costs nine *yuan* and three *jiao*.

Miss Guo: May I have two raisin scones and a plate of fish and chips, please?

Kitty: Yes, of course. That'll be sixteen *yuan* and three *jiao*.

选自《牛津英语》（上海版）7A U9 At the international food festival

小组活动要求：为国际食品节设计菜单，菜单需包含四种食物，至少来自两个不同国家；菜单中还需包含食物的名称及价格；每四人为一小组，小组活动时间为 10 分钟。

1. 参考设计

How many people are there in one group?

What are we going to design?

What should be on the menu?

How many kinds of food can I find on the menu?

Are these kinds of food come from the same country?

...

2. 设计说明

这道讨论题需要我们设计 Instruction Checking Questions。为了更好地完成这道讨论题，我们可以结合本章第二节中所讲的有关 ICQ 的微技能。例如，使用简单且直接的问题来检验学生对小组活动步骤的理解，所有 ICQ 必须与小组活动的内容和步骤息息相关，可以针对复杂的步骤进行追问等。我们通常可以使用这些问题：How much time do you have for the activity? Who will you talk to? How many people will you talk to? Are you writing? Are you talking? What language will you use? What will you say? How many questions are there?

二、实战演练(二)

请任选一篇课文，设计一个小组活动的呈现及反馈的教学指导案例。

教学内容		
活动名称		
活动目的		
活动时间		
活动过程	活动内容简单描述	
	活动呈现及反馈(请具体描述小组活动的呈现形式、教师如何鼓励组间互动、教师如何给出反馈)	

1. 参考设计

教学内容	《牛津英语》(上海版)6B U2 Listen and match	
活动名称	Helping parents know about the airport	
活动目的	To know the meanings and the uses of more signs at the airport	
活动时间	10 minutes	
活动过程	活动内容简单描述	Ask students to form groups of 4 and help their parents who go to Britain for the first time know about the Heathrow Airport. Circle the signs on the map of the airport and write down the meanings of these signs.
	活动呈现及反馈(请具体描述小组活动的呈现形式、教师如何鼓励组间互动、教师如何给出反馈)	Step 1: Ask students to show their map and make a report on their findings. Step 2: After listening to the report, guide other students to be the parents and ask the reporter(s) some questions, for example: Where can I find a trolley? Where can I have lunch? The group should point at the signs and answer the questions. Step 3: Praise students for some special findings, such as signs of shops and signs of wireless hotspots.

2. 设计说明

该小组活动的内容是帮助父母了解英国机场的标志，并能够运用相关语言进行描述和介绍。在小组活动过程中，学生在阅读完地图后，通过组内圈画及讨论标志的意思，明确了父母在机场需要了解的标志。在活动后，小组成员展示圈画好的地图，既可以派出代表，也可以全组共同上台展示和汇报。在展示组进行汇报时，教师可以请其他组同学做记录，然后请他们扮演父母的角色，对展示组进行提问，从而引发组与组之间的互动。通过同伴之间的互相提问和回答，学生能够更好地了解标志的意思与作用，同时学会正确使用相关句型，如“Where can they find the trolley? There are some trolleys over there.”。另外，组间的互动问答能引导全班学生共同发现书本外更有用的标志，引发全班范围的讨论。教师在学生进行展示和互相问答时，应特别关注他们讨论的内容是否合适、语言运用是否准确，同时做好记录，以便最后进行总结。

在学生互动反馈后，教师不仅要评价亮点，还应重点反馈学生找到的有别于书本上的有用标志，如商店标志、换乘交通标志等，从而激发学生的思维，帮助他们举一反三，增进对机场标志的认识和了解。另外，教师也可以问一问身为“父母”的学生是否听懂了“孩子”的讲解，学生之间的互相点评也能增加课堂的乐趣。最后，别忘了在黑板上罗列一些语言重点，如果学生能发现其他有趣的标志，可以请他们运用上课所学再描述一下，这样不仅能够加深和巩固语言重难点，还可以进一步检测教学目标是否达成。

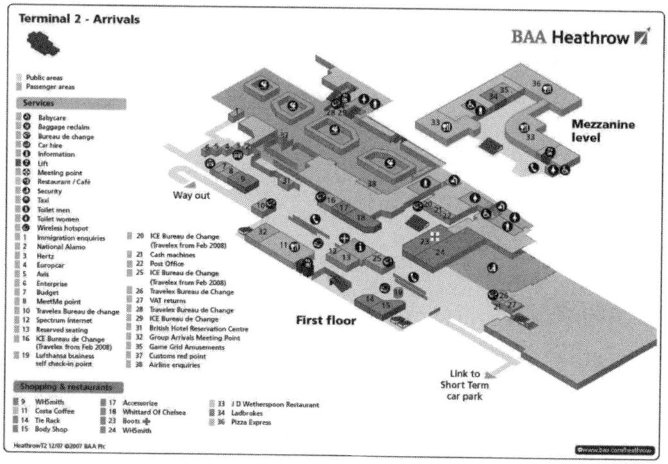

图 9–3　希思罗机场地图

总之，教师在组织小组活动前，可通过语言或示范给出清晰明确的指令，并通过 ICQ 确保学生明白活动目标、活动内容、分工分组等活动要素，从而使每一个学生都能进行有效的小组活动。在活动过程中，教师要进行实时观察（MOT），帮助学生顺利地展开小组活动，及时引导学生为任务目标共同努力，为有困难的小组适时提供一些思路，鼓励掉队的学生，帮助他们克服困难，顺利达成目标。在记录各组普遍存在的问题时，教师也别忘了记录各组的亮点和优点。活动后，教师要组织学生展示活动成果，展示形式可以是多样的，如集体展示或请代表展示，同时，要关注组间互动（CGI），为非展示组的学生也布置一些任务，以便进行组与组之间的互动。最后，教师应作出多元的评价和总结，评价不宜过于笼统，最好能具体说说好在哪儿、问题在哪儿，为学生指明努力的方向。

参考文献

［1］Elizabeth F. Barkley, Claire Howell Major, K. Patricia Cross. Collaborative Learning Techniques: A Hand Book for College Faculty［M］. San Francisco：Jossey-Bass Publishers, 2005.

［2］Jim Scrivener. 学习教学：英语教师指南［M］. 上海：上海外语教育出版社，2002.

［3］Natalie Hess. 如何教好大班英语课［M］. 北京：外语与教育研究出版社，2009.

［4］Richard I. Arends. 学会教学［M］. 北京：中国人民大学出版社，2016.

［5］Bill Roberson, Bilie Franchini, Effective Task Design for the TBL Classroom［J］. Journal on Excellent in College Teaching, 2014（25）.

［6］胡庆芳，杨翠蓉 . 有效小组合作的 22 个案例［M］. 上海：华东师范大学出版社，2015.

［7］赵尚华 . 初中英语教学关键问题指导［M］. 北京：高等教育出版社，2015.

［8］上海市教育委员会教学研究室 . 初中英语单元教学设计指南［M］. 北京：人民教育出版社，2018.

后 记

本书的出版得益于2017年市级共享课程的出品。在市级共享平台上进行了几轮网络课程的培训之后，我们吸纳了更多的实践案例，这才有了把课程转化为培训用书的想法。无论是网络课程的开发和制作，还是培训用书的撰写，我们都得到了多方的支持和帮助。

首先要感谢的是课程评审专家、上海市师资培训中心的英语特级教师和资深培训专家顾立宁、上海市建青实验学校的英语特级教师施志红和上海市教委教研室初中英语教研员赵尚华，他们的保驾护航为本书的出版打下了坚实的基础。在编写本书的过程中，几位专家也不遗余力地进行指导，让所有参与的老师们都受益匪浅。

其次要感谢课程的开发者，他们围绕九个专题进行了长达一年的研究、实践、制作等一系列研修活动，并在网络课程的基础上进行深入的理论学习，补充了大量教学案例，为本书的顺利出版立下功劳。第一章的撰写者是浦东教育发展研究院王瑛、上海市实验学校王颖婷、上海市尚德实验学校杨路；第二章的撰写者是长宁区教育学院周群、复旦初级中学凌怡、天山二中倪婷婷；第三章的撰写者是黄浦区教育学院王菲和黄浦教院附属中山学校蒋新莲、金琴文；第四章的撰写者是奉贤区教育学院丁永花、古华中学唐樱霞、阳光外国语学校孟庆楠；第五章的撰写者是普陀区教育学院汪瑾华、朱成，子长学校帅秀玲，宜川中学附属学校金亚楠，华师大四附中朱琳，明翔实验学校詹妍；第六章的撰写者是上海市梅园中学邵颖珠、华理工附中高凌飞、徐汇教院附中王露斌、白鹤中学刘昌荣；第七章的撰写者是上海市市西初级中学许瑾、民办上外静安外国语中学邹莉敏、彭浦初级中学凌雪梅、田家炳中学虞菁；第八章的撰写者是同济初级中学黄媛媛、复旦实验中学曹婧筠、上外苏河湾实验中学施琳和张慧；第九章的撰写者是虹口区教师进修学院徐蔚、虹口实验学校葛奕婷、长青学校郑琳。

感谢专题小组在研修过程中体现出来的团队精神，虽然他们来自不同学校、不同区域，但是从最初小组成立，到在任务中不断磨合，再到共同打磨课程和教材，最后形成紧密合作、亲密无间的组员关系，他们为课程和教材的开发作出了巨大的贡献。

教学微技能的课程开发为我们提供了更微观的审视课堂教学的角度。随着研究的深入，我们越来越发现，教学的探索没有尽头，没有最好，只有更好。我们的研究也只是触及某个技能下众多微技能中的两三个，还有更多微技能值得我们在教学中持续关注、研究和探索。

编者

2021 年 6 月

图书在版编目（CIP）数据

初中英语课堂教学微技能提升 / 许伶萍主编. — 上海：上海教育出版社，2021.6
ISBN 978-7-5720-0907-5

Ⅰ. ①初… Ⅱ. ①许… Ⅲ. ①英语课－课堂教学－教学研究－初中 Ⅳ. ①G633.412

中国版本图书馆CIP数据核字(2021)第093551号

总 策 划　刘　芳　宁彦锋
责任编辑　茶文琼　周琛溢
封面设计　王　捷

初中英语课堂教学微技能提升
许伶萍　主编

出版发行　上海教育出版社有限公司
官　　网　www.seph.com.cn
地　　址　上海市永福路123号
邮　　编　200031
印　　刷　上海普顺印刷包装有限公司
开　　本　700×1000　1/16　印张 15.75　插页 1
字　　数　234 千字
版　　次　2021年8月第1版
印　　次　2021年8月第1次印刷
书　　号　ISBN 978-7-5720-0907-5/G·0715
定　　价　68.00 元

如发现质量问题，读者可向本社调换　电话：021-64377165